프로이트와 종교

차례
Contents

03프로이트가 신학과에 온 까닭은? 15프로이트, 하나님을 죽이다? 사실은? 32프로이트가 진짜 죽인 것은? 76프로이트가 남긴 신학적 유산: 두 얼굴의 하나님

프로이트가 신학과에 온 까닭은?

프로이트는 희한한 학자이다. 그가 20세기를 대표할 만한 사상가라는 데는 많은 지성인들이 동의할 테지만, 그를 마음 깊숙이 미워하는 이들을 찾기란 어렵지 않다. 오해와 질책을 받기에 부족함이 없는 논의의 무지막지한 대담성과 과격성이 그 이유일 게다. 그도 그럴 것이 '인간의 머리 속에는 온통 섹스 생각뿐'이라는 그의 논조, 혹은 '종교는 유아기적인 신경증에 불과하다'는 그의 선언 등에는 현대를 사는 우리 지성인들의 고귀한 인품과 신앙을 지나치게 자극하는 면이 그득하다. 사실 그는 자신이 오해받고 있다는 것을 섭섭지 않게 여길 것임에 틀림없다. 지나치게 그를 미워하는 이들의 무의식을 넘겨다보고 있기 때문이다. "뭣 땜시 그리 흥분하는고? 진짜로 그런가보지?" 하면서 말이다.

미워하기 가장 쉬운 사상가가 프로이트라고도 혹자는 말하지만, 그를 깊이 있게 공부한 이들은 그의 방대한 저작을 다 읽기도 전에 가장 쉬운 논쟁거리를 붙잡고 그를 자신만의 인식의 틀 속에 가두는 지성인들의 대담성과 과격성 역시 과연 프로이트의 그것 못지않게 장대하다는 것을 발견한다. 정신분석학에 익숙한 이들에게도 프로이트보다 융이 훨씬 친근하게 다가오는 까닭은 무엇인가? 특히나 종교에 관심 있는 지성인들은 비교적 종교에 우호적이었던 융에게 훨씬 더 후한 점수를 주고, 융의 사상이 프로이트의 사상을 완벽하게 뒤집어버렸다고 믿고 싶어한다. 많은 종교인들에게 프로이트는 미워할 수밖에 없는 인물이고, 융은 사랑할 수밖에 없는 인물이다.

나는 종교를 연구하고, 기독교신학을 실천하기 원하는 신학자이고, 기독교이념을 바탕으로 세워진 종합대학교의 신과대학에서, 그리고 신학대학원에서 목회신학 및 상담학, 그리고 종교심리학을 가르치는 신학교수이다. 그러니 프로이트보다는 예수를, 그리고 여타 신학자들의 사상을 가르쳐야 마땅하겠지만, 나는 신앙을 제대로 가르치기 위해 프로이트의 힘을 빌린다. 그러므로 혹자는 기독교신앙의 정수를 가르치기 위한, 신앙에 대한 프로이트의 무지한 이해를 정면돌파하려는 도전정신을 나에게서 찾으려고 할지도 모른다. 사실 나는 나의 학생들이 프로이트를 신학자로 보기를 원하고, 종교적 신앙에 대해 진지하게 고민하는 학생들이 프로이트 없이는 제대로 볼 수 없는 신앙의 숨은 그림을 찾기를 원한다. 나 자신의 진지한 신앙의 순례에서도 나는 그를 절실히 필요로 했기 때문에 다른 이들도 그럴 것이라는 작은 확신을 가지게 된 것이다.

프로이트 사상의 일관성이 '성(sex)'에 관한 것이었다고 믿는 이들에게, 나는 프로이트가 줄기차게 관심을 두었던 다른 주제를 소개한다. 그는 생애 맨 마지막 순간까지도 종교에 대한 관심을 놓지 않았던 학자다. 건강이 악화된 마지막 순간에, 프로이트가 마지막으로 출판한 책이 『모세와 유일신론 *Moses and Monotheism*』이었다. 그는 1938년 히틀러의 오스트리아 침공으로 빈을 떠나 런던으로 이주한다. 1934년부터 집필을 시작하여 런던에서 마무리하고, 1939년에 종교에 대한 마지막 책을 출판한 그는 그해에 83세의 나이로 죽었다. 그의 종교에 대한 관심의 시작은 어디로 거슬러 올라가는 것일까?

1935년 어느 글에서 프로이트는 자신이 경험한 '퇴행적인 발달단계(a phrase of regressive development)'를 소개하고 있다. 프로이트는 "자연과학, 의학, 심리치료 등을 통한 긴 우회 끝에, 나의 관심은 겨우 사고할 만한 어린 나이 때부터 줄곧 나를 사로잡아온 문화적인 문제로 되돌아왔다."고 회고한다. 문화를 문명의 동의어로 사용하고 있는 프로이트에게 문화적인 문제란 바로 문명인의 문제, 더욱 구체적인 것은 그러한 문명인들이 가지고 있는 도덕과 종교의 기원에 대한 관심과 깊은 관계가 있다. 즉 어린 시절의 프로이트를 사로잡은 것들은 '신 (God)' '신들(gods)' 그리고 '악마들(devils)' 같은 초자연적인 존재의 기원에 관한 것이었다. 그는 종교인들에게 "무의식의 세계 안에서 인간은 자신의 형상을 따라 하나님을 창조했다."고 선포한다. '하나님이 그의 형상을 따라 인간을 창조했다'고 굳건히 믿는 종교인들에게 프로이트의 정신분석학적 관심은 심각한 지각변동을 가지고 오기에 충분했다.

기독교인들에게 있어 프로이트가 작성한 기상천외한 답안은 분명 낙제점수감이다. 그 프로이트를 신학자인 나는 꼭 구제하고 싶었다. 답안지만으로 학생을 잘라버리지 말자는 것이다. 답안지를 잠시 제쳐두고 그를 제대로 만나보고, 제1차세계대전을 겪으면서 무르익은 그의 사상뿐 아니라, 그가 살았던 문화와 삶의 언저리까지 다시 살펴보자는 것이다. 그에게 점수를 다시 줄 수 있는지 여부는 물론 독자의 몫이지만, 사실나는 이 책에서 프로이트에게 낙제점을 거두어 그를 살리는 일이 이 땅의 종교인들의 신앙을 다시 건강하게 되살리는 일과 과히 다르지 않다고 감히 주장할 것이다. 만약 프로이트를 미워한 적도 없고, 죽인 적은 더더욱 없었노라고 하는 종교인들이 있다면, 나는 이제 그의 고뇌와 진지한 관심을 진지하게 캐어 읽어야 할 때라고 힘주어 말하고 싶다. 죽인 적이 없더라도 그의 삶과 사상이 우리와 상관없이 존재하였다면, 이제 그의 거친 숨결을 살려 우리가 함께 호흡하는 일이 사실은 전쟁의 시대에 우리의 죽어가는 종교적 신앙을 살리는 일과 깊은 연관이 있다고 말이다. 우리는 21세기를 전쟁으로 시작하였다. 그리고 앞으로 살아야 할 시대에서도 프로이트가 가슴을

치며 환멸스러워 했던, '신의 이름으로 하는 전쟁' '적도 모르는 전쟁'을 수없이 치러야 할지도 모른다. 이것이 한 신학자가 전쟁의 시대를 사는 종교인을 위해, 편견의 수렁 속에 있는 프로이트가 남긴 신학적 유산을 되짚으려는 이유이다.

'종교'의 이해를 위한 새로운 제안

함께 종교에 대해 말하려면 우선 그것의 정의부터 내려야 할 것이다. 모든 개념이 다 그렇겠지만 종교 역시 학자들마다 그 정의가 다양하기 그지없다. 신학자가 말하는 종교와 사회학자가 보는 종교, 그리고 인류학자나 심리학자가 분석하는 종교가 같을 리 없다. 게다가 어떤 특정 종교에 깊이 귀의한 사람들 역시 종교에 대한 저마다의 정의들을 쏟아낼 것이다. 나는 이참에 가장 간결한 정의 하나를 가지고 논의에 들어가려고 한다. 두 줄 이상 되는 정의는 일단 사양하고 그저 영어단어 'religion'의 어원을 거슬러 가보자.

어원학자의 말을 빌리면, 영어단어 'religion'의 라틴어 어원 'religo'는 '한데 묶다(tie together)'의 뜻이라고 한다. 뭘 묶는다는 말인가? 글쎄 …… 아마도 오래 전에 사람들은 종교가 뭔가를 묶기는 묶는다고 생각한 모양인데 그게 무엇이었는지는 명확치 않다.

다른 영어단어 하나를 가지고 막연히 추측해 본다. 똑같은 어원에서 비롯된 단어인 'ligament'를 보자. '인대'라는 뜻의 단어이다. 인대가 뭘 묶는가? 인대가 인간 몸의 각종 신경과 근육을 묶어주는 기능을 하는 것처럼 종교도 인간의 정신세계에 같은 기능으로 정의될 수 있지 않을까? 다시 말해, 인간의 정신세계에 있어서 종교는 그 개인의 내면적 세계와 그 정신세계 밖의 외부적 실재, 즉 타인이나 단체, 혹은 세상이나 온 우주 등과 한데 묶어주는 역할을 한다는 것이다. 그렇다면 종교가 매개로 묶어주는 인간의 내면세계와 외부세계 사이에 있는 제3의 현실은 무엇일까? '묶어주는 기능'을 하는 동안 종교는 어느덧 한 개인이 경험하는 주관적 현실과 객관적 실재를 모두 공유하는 것처럼 보인다. 즉 나의 종교는 내 안에, 그리고 저 밖에 있는 것이다.

이제 한 개인이 종교를 갖는다는 것은 종교를 통해 그 자신의 내면세계와 외부세계를 연결하는 일이라고 가정하여 보자. 이것은 개별 종교의 다양한 내용보다는 그것들이 가지는 보편적인 기능에 초점을 맞춘 이해다. 그렇다면 사람들이 믿는 다양한 종교들은 어떠한 구성요소를 공통적으로 가지는가?

종교마다 발견되는 두 가지 중요한 요소의 첫째로는 '사실(facts)'이요, 둘째로는 '가치(values)'를 들 수 있겠다. 모든 종교는 한 개인이 받아들이고 믿게 될 종교적 사실을 토대로 그 기능을 시작한다. 예를 들어 종교인은 절대자가 세상을 창조함을, 또는 종말의 때에 절대자가 자신을 구원하여 줄 것을 사실이라 믿는다. 이러한 다양한 종교적 사실들이 종교를 구성한다. 게다가 모든 종교는 가치를 동반한다. 대부분의 종교는 절대가치를 인간에게 부여한다. 종교를 위해서 목숨을 바치는 일은 이러한 절대가치의 기능을 여실히 보여준다. 알라신을 위해 자신의 목숨을 바쳐 악의 무리에 자살공격을 시도하는 종교인은 자신의 종교에 가장 귀중한, 목숨보다 더한 가치를 부여한다.

묶는 기능을 하는 종교에 있어서 '사실'과 '가치'는 어디에 존재하는가? 종교적 사실이나 가치는 내 안에 있는 것인가, 아니면 저 외부세계에 존재하는 것인가? '예수가 부활했다'는 사실이나 '거룩한 전쟁'이라는 가치 등은 외부세계에만 존재하는 것처럼 보이지만, 사실은 인간의 내면세계와 연결되는 과정 중에 구성된 중간적 개념임을 알 수 있다. 다시 말해 사실이란 본래적 실재를 투영하는 개인의 이미지로서 존재한다는 것이다. 결국 사실은 외부적 세계이면서 그와 동시에 내면적 세계에도 존재한다.

예를 들어 보자. 1980년 5월 18일에 광주에서 일어난 일은 분명히 불변의 객관적 사실이다. 이러한 사실이 개인의 내면세계에 투영되는 이미지로서 존재한다는 것은 무슨 말인가? 1980년대 당시만 하더라도 그 사실은 '광주사태'였다. 그런데 시간이 지나면서 그 사실은 '광주민주화운동'이 되고, 또 '광주민중항쟁'이 되었다. 사실이란 한 개인이 어떤 안경을 쓰고, 어떠한 시각을 가지고 외부적 사건을 표상하는가하는 방식이다. 그러므로 한 개인에게 있어서, 사실이란 하나의 표상화 과정(a representational process)이 된다.

종교적 사실은 단순히 외부적으로 '벌어진 일' 자체를 의미하는 것이 아닌, 인간의 내면적 세계에 비추어진 다양한 이미지들과 가지는 관계의 문제이다. '광주민주화운동'이라는 사실은 광주에서 실지로 '벌어진 일'과 그 일을 '민주화운동'으로 인식하는 많은 이들의 내면적 표상들이 연결되어 만들어진 것이다. 이와 마찬가지로 '예수가 부활했다'는 종교적 사실은 예수에게 실지로 '벌어진 일'만을 의미하는 것이 아니라, 그때 그 일을 '부활'로 인식한 예수의 여러 추종자들의 표상들이 만나 오랜 시간 동안 구성된 것이다.

우리는 종교적 사실의 진위여부를 놓고 핏대를 올리는 종교인들을 자주 만난다. 경전에 등장하는 이야기를 '진짜로' 벌어진 사실로 믿을 것인가 말 것인가는 늘 정통과 사이비를 가름하는 척도가 된다. 결국 현재에는 이루어질 수 없는 황당한 신화적인 진술을 '실지로 일어난 사실'로 믿는 억지가 종교적 신앙의 최고봉이 되는 경우가 비일비재하다. 우리는 경전에서 진술되는 '사실들'이, 그 경전을 애초에 편집하고 서술한 최초의 종교인들에게 표상된 이미지들을 반영하고 있다는 점을 이해해야 한다.

기독교인들은 예수의 부활을 실지로 '벌어진 일'로 믿지 않는다면 그 어느 누구도 자신의 종교적인 테두리 안에 편입시키길 단호히 거부한다. 죽은 사람이 다시 태어나는 일을 믿기 힘든 비기독교인들에게 이러한 종교적 사실은 그저 '신화'일 뿐이다. 이제 신화를 '사실'로 믿어야만 하는 종교인들의 처절

한 현실부정이 시작된다. 그러나 이와 같이 실재(實在)에 대하여 종교인들이 가지는 비합리적인 배타성은 종교적 사실을 외부적 실재에만 집중시킨 일방적인 '사실'에 대한 이해에서 비롯된 오해일 수 있다는 것이다. 우리에게 '사실'은 외부세계에만 존재하는 것이 아니라, 우리 안에 있는 내부세계와 연결짓는(tie together) 표상으로서도 존재한다.

종교적 가치 역시 외부세계에만 존재하는 것이 아니다. 종교인들은 하나님의 사랑이나 부처님의 자비와 같은 가치는 보편타당하게 하늘 건너 저편에 있는 실재라고 주장한다. 한 인간이 이러한 종교적 가치를 객관적으로 인식하려면, 먼저 사랑이나 자비에 대한 구체적이고 개별적인 경험이 선행되어야 하지 않을까? 한 지붕 밑에 사는 한 가족이라도 똑같은 사랑이나 자비를 경험할 수는 없다. 사랑이나 자비에 대한 경험과 이해가 다르니, 똑같은 하나님과 부처님을 경험하고 이해하는 일 역시 결코 쉬운 것은 아니다. 절대자에 대하여 그저 입술로 하는 교리적 고백 정도라면 모든 종교인들이 초등학생 받아쓰기하듯 동일하게 할 수 있겠지만 말이다.

어느 종교든지, 신이 가지고 있는 절대적 진리라는 가치가 그 똑같은 신을 믿는 모든 종교인들에게 동일하게 '객관적'으로 인식되는 법은 없다. 부처님의 자비라는 설법을 들은 불교인들이 50명이 있다고 치자. 객관적으로 보이는 종교적 가치를 같이 들었다고 할지라도, 10살짜리 초등학생이 느끼는 부처님의 자비라는 가치가 산전수전 다 겪고 병들어 있는 80세

노인이 느끼는 부처님의 자비의 가치와 동일한 무게를 가지고 있다고 보기는 어렵다. 혹자는 종교적 가치는 삶을 해석하는 능력과 상관이 있으므로 나이가 들고 인생이 익어가면서 가치도 객관적인 실재의 모습으로 성숙해 간다고 믿을지도 모른다. 예를 들어 불교의 공(空)이라는 가치가 초등학생에게는 의미 없는 것이었다가, 인생의 무상함을 경험한 중년이 되면 의미를 찾고, 결정적인 순간에는 그 가치에 인생을 걸게 되는 절대적 가치로 발전해 간다고 말이다. 하지만 이렇게 가치의 수용과정이 인간발달과 상관이 있다고 본다고 해도 무리는 있다. 가치의 문제가 삶의 문제에 해석적인 의미를 부여하는 일이라고 정의한다면 삶의 저울은 각자 다르기 마련이고, 어른이라고 다 똑같은 성숙한 저울을 가지고 삶을 해석할 수 있는 것도 아니기 때문이다.

종교인은 자신의 저울에 신이 가장 큰 무게를 지니고 있다고 고백한다. 신을 제외하고, 한 인간이 가진 것 중에 저울에서 가장 무거운 것은 아마 본인의 목숨일 것이다. 한 종교인이 가지고 있는 해석의 저울 한쪽 편에 신 다음으로 무거운 목숨을 달고 가치를 부여하는 일을 우리는 종종 본다. 그래서 이렇게 목숨을 바친 종교인을 우리는 신의 이름으로 죽은 '순교자'라고 부른다. 순교자는 어떠한 일이 있어도 종교인들에게 귀감이 될지언정 손가락질 받을 리는 없다. 그러나 한 종교인이 신의 이름으로, 그리고 자신의 목숨을 걸어 남을 죽이는 자살 테러를 한 경우, 이 종교인의 죽음을 순교라고 부르는 일에 대부분의 종교인들이 주저하는 이유는 무엇인가? 신을 위해 목숨을 바치는 가치가 과연 객관적으로 존재할 수 있을 것인가? 결국 종교적 가치란 개인의 내면에 존재하는 삶의 저울에 따라 각자 다른 의미를 가지게 되는 해석화 과정(an interpretive process)과 같은 것이다.

언제 종교가 이 땅에 처음 그 모습을 드러냈는가? 지구상의 주요 개별 종교들의 나이를 측정하는 일이 그리 쉬운 것은 아니다. 그러나 종교가 가진 기능의 측면을 중심으로 이해한다면, 인간에게 삶의 사건들을 표상하여 만들어 낸 사실에 궁극적인 가치를 부여하는 해석적인 사고가 가능해지면서 인간은 종교적 삶을 시작하였다고 볼 수 있다. 어쩌면 동물과는 달리 표상하고 해석하는 사고가 가능한 인류의 역사와 종교의 역사는 같은 뿌리를 가지고 존재하여 왔다고 보아도 좋을 것이다. 다시 말해 하나의 표상(representation)이나 이미지를 가지고, 그것에 절대적 가치를 부여하는 정신적 능력의 시작은 인류의 태동기부터 가능하지 않았겠는가 하는 것이다. 여기에서 나는 한 개인의 역사에 있어서도 삶의 태동기인 유아기 때부터 시작되는 표상의 과정이 그가 훗날 하나님을 하나의 사실로 받아들이는 표상의 과정과도 깊은 연관이 있을 수 있다고 본다. 이것이 한 신학자가 프로이트를 비롯한 정신분석이론가들의 목소리에 귀 기울이는 이유이다.

신학(神學)이란 말 그대로 신(神)에 대한 학문적 접근이다. 어느 신학자도 신과 직접 만나거나 심층인터뷰를 하여 그 연구결과를 객관화할 수는 없다. 결국 신학은 신에게 실지로 '벌어진 일'을 객관적으로 증명하기보다는 신 혹은 신적인 것들을 해석하는 인간에게 '벌어진 일'들에 대한 연구를 반영하기 마련이다. 현대신학에 있어서는 이제 신에 대한 논증 대신 인간의 경험이나 표상, 혹은 상상력으로부터 신학을 재구성해야 한다는 방법론적인 지각변동이 '신학은 인간학'이라는 명제를 가능하게 한다.

나는 신학자로서 이 책에서 한 인간이 경험하고 믿는 종교적 사실을 진지하게 다루기 원한다. 그러나 나는 또한 종교심리학자로서 종교적 사실이 내포하고 있는 객관적인 하나님의 '내용'보다 주관적인 하나님 인식의 '과정'에 더 큰 관심을 가지고 논의를 전개하려고 한다. 다시 말해 '하나님은 사랑이시다' 혹은 '부처님의 자비하심'이라는 내용적 사실보다 '어떻게 하나님이나 부처님이 한 개인에게 사랑이나 자비의 화신으로 표상되는가' 하는 과정적 사실을 설명하는 데에 진력할 것이다. 나는 프로이트를 비롯한 정신분석학자들이 바로 신 자신에 관한 신학적 내용보다는 신의 표상이 인간의 내면세계 안에서 어떠한 과정을 거쳐 생성되는가에 아주 의미 있는 관심을 가졌다고 본다. 나는 신학자로서 그들의 관심을 공유하는 일이 종교인의 절대자 이해에 적지 않은 공헌을 하리라고 기대하는 것이다. 분명 프로이트는 내게 이전에는 보지 못한 신 인식의 단면을 보여준 신학자다.

프로이트, 하나님을 죽이다? 사실은?

　우스갯소리가 있다. 어느 초등학교에 장학사가 와서, 맨 앞에 서 있는 학생에게 교탁 위에 놓여 있는 지구본에 대해 다음과 같이 물었다고 한다. "이 지구본이 왜 이렇게 기울어져 있지?" 질문을 받은 학생은 순간 당황하여 이렇게 대답하였다. "제가 안 그랬는데요!" 오히려 더 당황한 장학사는 그 반의 담임선생님을 쳐다보았다. 담임선생님이 경직된 목소리로, "아마 살 때부터 저런 것 같습니다."라고 대답하자, 완전히 맥이 빠져 할 말을 잃은 장학사는 그 학교의 교장선생님을 기운 없이 바라보았다. 그러자 교장선생님은 발 빠르게 대답했다. "저기요, 원래 국산이 다 그렇습니다."

　이 이야기의 다양한 버전이 있을 수 있겠다. 그중 하나로 이런 건 어떨까? 교회에 다니는 한 초등학생에게 목사님이 십자가에 달린 예수의 그림을 가리키며 물었다. "예수님이 왜 저렇게 피를 흘리시지?" 당황한 아이가 대답하길 "제가 안 그랬는데요!"라 하고, 역시 당황한 목사님이 다시 되묻는다. "아니, 그게 아니고…… 누구 때문에 피를 흘려 돌아가셨지?" 민망해진 그 학생의 교회학교 교사가 이렇게 대답한다. "선생님이 너와 나 때문에 돌아가셨다고 여러 번 이야기했잖니!" 그 아이는 눈물을 글썽이며 목사님에게 억울한 듯 말한다. "목사님, 아무래도 선생님이 죽이셨나봐요. 근데 저는 정말 안 죽였거든요!"

하나님이요, 내가 안 죽였는데요!

많은 종교인들은 이 아이의 황당한 반응을 어린아이의 치기 어린 장난쯤으로, 아니면 아직은 예수의 죽음을 종교적으로 이해할 수 없는 미성숙한 신앙쯤으로 여길지도 모른다. 만약 객관적 하나님의 내용에 대한 이해도에 따라 이 아이의 신앙을 판단한다면 아직 이 아이는 하나님을 모른다고 해야 할 것이다. 그러나 과연 그럴까?

객관적인 신과 한 개인이 개인적으로 경험하는 신의 이미지(혹은 표상) 사이에는 커다란 차이가 있다. 두 부류의 기독교인들이 있다고 가정해 보자. 첫 번째 부류의 사람들은 객관적인 신, 즉 십자가의 하나님을 교리적으로 잘 알고 있고, 개인적으로 경험하는 신 표상(神表象)도 의심할 바 없이 십자가의 하나님과 똑같다고 자부하며 산다. 두 번째 부류의 사람들은 객관적인 신의 내용에 대해서는 아는 바가 없고, 그저 개인적으로 경험한 절대자에 대한 표상을 가지고 산다. 종교인들에게 이러한 두 번째 부류의 사람들은 무신론자이거나, 구원에 이르기는 아직 갈 길이 먼 사람들로 보일 것이다. 마치 앞서 말한 아이처럼 말이다. 예수의 십자가를 외부세계에 객관적으로 존재하는 종교적 사실로만 본다면 이것은 당연한 결과이다.

하지만 이제 우리가 '사실'이란 것은 외부세계에만 있는 것이 아니라, 그 외부세계의 실재를 우리가 내면세계 안에서 표상하는 과정이라고 발상의 전환을 시도하여 바라본다면 두 번째 부류의 사람들, 즉 십자가를 이해 못하는 어린아이의 신 경험을 새로운 시각으로 볼 수 있지 않을까? 만일 첫 번째 부류의 종교인들이 개인의 경험 가운데 표상되는 다양한 신의 이미지를 도외시하고, 객관적인 신 개념만을 절대화하여 머리속에 구겨 넣으려는 시도만을 강요한다면, 이를 과연 의미 있는 일로 볼 수 있을까? 목사님 들으시기에, 그리고 선생님 들으시기에 민망할 정도의 오답을 말한 그 아이의 눈물 속에는 어떠한 신의 표상이 담겨 있을까? 그 아이의 마음속에 대다수의 기독교인들이 요구하는 객관적인 모범답안은 없어도, 혹시 그 아이만의 신 표상으로 인해 하나님의 아들 예수는 까닭 없이 피 흘리실 수도, 죽으실 수도 없다고 애써 항변하게 된 것은 아닐까? 대체 그 아이의 눈물 속에는, 아니 그 마음 깊숙한 곳에는 어떤 신에 대한 표상이 있을까? 과연 이 표상은 우리가 암기하고 고백해야 할 객관적인 하나님의 개념에 비해 무시해도 될 만큼 사소한 것일까?

어린아이의 태초의 하나님: 신 표상

처음 교회에 나온 초등학교 아이에게 한 선생님이 물었다고 하자. "너, 하나님을 아니?" 친구가 교회 가면 크림빵을 준다는 사탕발림에 따라 나선 그 아이는 당연히 다음과 같이 대답할 것이다. "아니오. 저는 하나님 몰라요." 기다렸다는 듯이 선생님은 말씀하시리라. "그래 잘 왔다. 오늘부터 선생님이랑 하나님에 대해서 배워가자. 아침 먹고 왔니? 크림빵 좀 먹을래?" 그날 밤 선생님은 하나님께 기도할 것이다. "하나님을 알지 못하는 또 다른 학생을 보내 주시니 감사합니다. 그 아이가 하나님을 알고, 경험하고 만나게 하소서." 이 이야기에 등장하는 선생님과 아이 모두가 잘못 생각하는 것이 하나 있다. 하나님을 전혀 모른다는 아이나 그 말을 곧이듣는 선생님 모두 하나는 알고 둘은 모르고 있다는 것이다.

교회에 처음 나오는 아이라고 할지라도 하나님에 대한 객관적 지식은 없었을지언정, 하나님에 대한 이미지마저 백지상태라고 보는 것은 무지한 일이다. 정신분석학의 가장 큰 공헌이 있다면, 한 아이가 종교인이 되는 과정에서 신의 이미지가 이미 형성되고 난 후에야 공식적인 종교에 영향을 받는다는 점을 확인시켜 준 점이다. 더불어 또 하나의 중대한 공헌은, 이 신의 이미지를 무시하면 큰 코 다친다고 경고하는 점이다.

무슨 이미지가 개념보다 중요하랴 한다면 모르시는 말씀이다. 크림빵 때문에 교회에 나온 아이가 처음 들은 하나님에 대한 개념이 '아버지'라고 하자. 주기도문을 암송하라고 선생님이 그러셨는데, 시작이 "하늘에 계신 아버지……"였다는 것이다. 그런데 그 아이가 집에서 아버지랑 별로 사이가 좋지 않은 아이였다고 생각해 보자. '아버지 하나님'이라는 객관적인 종교적 사실이 마치 걸핏하면 야단치시고, 윽박지르시는 그 아이의 아버지로 표상된다면 어떻게 될까? 그 아이의 마음에서는 '아버지 하나님'이 마음을 무겁게 하고 두렵게 만드는 하나님으로 자리 잡을 수도 있지 않을까? 선생님이 열과 성을 다하여 "하나님은 사랑이시다."라고 해도, 그 아이의 하나님이 사랑으로 표상되기까지는 남다른 노력이 필요할지도 모른다. 어쩌면 그 아이는 하나님의 개념을 교회에서 처음 듣기 훨씬 전부터 그것이 자리 잡을 터를 미리 가지고 있었을지 모른다는 뜻이다. 예를 들어, 어릴 적부터 사랑을 느끼고 경험할 수 있는 아버지와의 관계가 확립되어 있는 아이에게는 '아버지 하나님'의 사랑은 쉽게 자리가 잡힌다. 그러나 그런 관계적 경험이 절대적으로 부족한 아이가 똑같이 '사랑의 아버지 하나님'이라는 객관적 사실을 배웠다고 하더라도, 자신의 사실로 표상하는 과정은 결코 같을 수 없다는 말이다.

신의 표상을 아버지와의 관계에서 처음 풀어낸 프로이트에서부터 시작하여 그 이후 정신분석이론가들은 신 표상을 유아기 초기의 어머니와의 관계나 여타 다른 가족관계와 연관지어 다양하게 연구해 왔다. 그들은 종교인들이 신을 알아가는 과정에 있어서 그들이 공식적인 종교에 입문하기 훨씬 전인 출생 직후부터 신 인식을 위한 사전 준비운동이 시작되고 있었음을 정확하게 분석하고 있는 것이다. 그들에게 "네가 하나님을 알아?"라는 물음은 가장 무식한 질문이다. 그러므로 성직자나 종교교육자들이 아이들 신앙의 발달과정을 제대로 이해하기 위해서는 설교나 설법, 혹은 교육을 통해 전수하는 객관적 사실 말고도 아이들의 개인적이고 사적인 신들, 즉 다양한 신 표상에 대해 탐험할 필요가 있다. 당연히 종교 교육자들은 "너, 하나님을 알아?"가 아닌, "너의 하나님은 어떠한 모습이시니?"라는 질문을 조심스레 할 수 있어야 하겠다.

프로이트의 태초의 신을 찾아서

지금은 교수가 된 커크(Kirk)라는 미국친구가 하나 있다. 그는 같은 학교에서 같은 지도교수 밑에서 박사학위를 밟고, 같은 목회상담기관에서 임상훈련을 받은 절친한 친구이다. 그는 아담한 키에 약간은 수줍고, 내성적이기도 한 백인이었다. 우리는 자주 프로이트가 기독교신앙에 어떤 영향을 미쳤는지에 대해 흥미를 가지고 열띤 토론을 벌이곤 하였는데, 그는 결국 프로이트에 대해서 박사학위논문을 쓰고 출판하였다. 그는 나에게 그가 논문주제를 프로이트로 정하기로 결심하게 된 결정적인 계기를 자주 언급하였다.

박사학위 학생이었을 때 커크는 어느 세미나에 참석하여 특강을 하게 되었는데, 강의 중 커크가 프로이트에 대해서 길게 언급하는 순간 어느 학생 하나가 상기된 표정으로 손을 들더란다. 그리고 말하기를, "우리가 신학대학원에서 많고 많은 학자들 중에 프로이트를 배워야 하는 이유가 뭔지 모르겠소. 그는 결국 하나님을 모르는 사람 아니었소? 무신론자에게 무슨 선한 것이 나오겠소?" 안 보아도 뻔하다. 당황한 커크는 프로이트가 비판하고 부정한 하나님에 대한 연구를 통해서 우리의 신앙을 되돌아볼 수 있다고 역설하였을 것이다. 그러나 질문을 한 학생은 끝까지 눈에 힘을 풀지 않은 채 한 가지 질문만을 되풀이하였다. "어쨌든 프로이트는 하나님을 모르지 않소?" 거의 울상이 된 커크는 프로이트에 대해 열심히 설명했지만, 결국 고개를 절레절레 흔드는 그 학생을 바라보고 있어야만 했다. 그리고 그 학생에 대한 오기가 커크로 하여금 프로이트에 대해 더욱 관심을 가지고, 학위논문까지 쓰게 했던 것이다.

그 학생의 질문은 바로 교회에 처음 온 학생에게 "너, 하나님 아니?"를 묻는 선생과 별반 다르지 않다. "교회나 성당에 다니지 않고 말이야, 세례 받고 등록교인이 된 적도 없는 프로이트가 어떻게 하나님을 알아?" 그런데 커크의 설명이 그 학생에게 통하지 않은 이유는 무엇이었을까? 커크의 설명은 "물론 프로이트가 하나님을 알지는 못했지만……"으로 시작하였다. 그러나 아무리 설명을 해도, 신학생이 하나님을 모르는 이가 한 하나님에 대한 비판적 생각을 배워야 할 이유를 찾기란 쉽지 않았을 것이다.

　나 같으면 이렇게 답변했을 것이다. "나는 프로이트가 실지로 하나님을 알았는지 몰랐는지는 관심이 없다. 그가 객관적인 시각에서 기독교인이냐 아니냐, 혹은 하나님을 아느냐 모르느냐의 질문보다 훨씬 더 중요한 것은 그가 관심을 갖고 있었던 하나님 표상이 객관적인 하나님을 배우기 훨씬 이전에 어떤 과정으로 개인의 주관적 내면세계 안에서 구성되는가에 대한 질문이다. 나는 신학을 공부하는 이들이 왜 프로이트가 신의 객관적 존재를 부인했는가의 문제와 그가 연구한 신의 주관적 표상의 문제를 연결하여 살펴보아야 한다고 믿는다. 신학생으로서 우리가 프로이트의 삶에 대한 연구를 통해 알아봐야 하는 것은 '신의 존재를 부정하는 그의 신앙'이 아니라, '신의 존재를 그토록 부정하도록 만든 그의 어린 시절 신 표상'이다. 왜냐하면 그것을 탐험하는 것은 신의 존재를 내면적으로 믿게 되는 종교적 사실 자체에 이르는 표상과정을 적절하게 예시해 주기 때문이다." 다시 말해, 프로이트의 종교관을 공부하기 전에 꼭 명심해야 할 질문을 "당신이 하나님을 알아?"에서 "당신의 첫 번째 하나님은 어떻게 표상되었는가?"로 바꾸어 보자는 것이다.

프로이트의 표상이론에 의하면, 그는 그 이론과 꼭 들어맞는 삶을 살았던 것을 볼 수 있다. 그가 가진 하나님에 대한 표상 말고, 실지로 하나님과 어떤 관계를 가졌는지를 유추하는 것은 사실 후대인의 상상이다. 왜냐하면 결코 그는 이것에 대해 관심을 가지고 집필한 적이 없기 때문이다. 수많은 그의 저작에 나타나는 끊임없는 질문은 "다른 사람들, 즉 종교인들이 어떻게 신적인 존재를 믿는 신앙을 갖게 되는가?"였다. 본인을 늘 제3자로 간주한 상태에서 논의가 진행된다는 점을 보면, 우리는 그 자신이 종교적인 믿음을 가지고 있지 않았기 때문이라는 것을 알 수 있다.

여전히 혹자는 종교적 신앙을 가지지 않은 학자의 이론을 종교인들이 배울 점이 있겠느냐고 질문할 것이다. 그러나 프로이트가 종교적 신앙을 결국 가지지 않은 것에 대해, 나는 오히려 그에게 감사할 일이라고 해두고 싶다(신학자로서 이런 언급은 지극히 비신학적이고, 불경한 일일 수 있겠지만). 왜냐하면 그는 그의 삶 전체를 통해 연구한 '개인이 하나님을 표상하는 과정'의 중요성을 너무나 확실히 우리에게 보여주고 있기 때문이다. 하나님의 객관적인 사실에 대해서는 수많은 신학자들의 저술이 있다. 나는 그런 객관적인 하나님 담론에 프로이트의 신학이 보태져야 한다고 생각할 만큼 엉뚱한 이야기를 하는 것이 아니다. 프로이트의 표상이론, 어쩌면 그의 인간학이 하나님에 대한 사실을 믿고 연구하는 신학자나 종교인 모두에게 있어 '대충 넘어갈 수 없는 다리'가 되어야 한다고 주장하는 것이다.

사실 그의 표상이론, 혹은 그의 인간학에 의하면 왜 그가 그런 비판적 신학을 가지게 되었는지가 분명히 나타난다. 프로이트가 왜 종교를 부인했는가에 대한 여러 가지 논의들이 있겠지만, 그의 표상이론의 틀에서 보면 그는 종교를 부인할 수밖에 없었다. 신에 대해 그가 어릴 적에 가졌던 표상은 지독하게도 부정적인 것이었다. 그러한 경험의 자리에서 그는 신에 대해 사고했고, 그런 면에서 나는 그의 신에 대한 담론은 그의 신론이 아니라 신 표상이론이요, 그의 신 존재 비판은 그의 신학이 아니라 그의 인간학이라고 보는 것이다.

어린 프로이트에게 주어진 신의 흔적

프로이트를 연구하는 학자들이나 혹은 종교인들은 프로이트가 왜 그토록 종교를 비판적으로 분석하려 들었는지를 알고 싶어 한다. 그 진정한 이유는 본인조차도 알기 어려울지 모른다. 과연 프로이트는 날 적부터 무신론자의 피를 갖고, 종교를 죽일 역사적 사명을 띠고 이 땅에 태어났을까? 나는 종교인들에게 도리어 묻고 싶다. 종교인들이 믿는 절대자 하나님은 왜 프로이트가 그리도 종교를 부인하도록 방관했는가 말이다. 왜 하나님은 그를 진정으로 만나주지 않았던가? 그러면 "프로이트가 하나님을 찾지 않았지, 하나님은 그를 한번도 몰라라 한 적 없었다"라는 답변이 돌아올지도 모른다. 그러나 프로이트가 평생에 걸쳐 하나님의 기원에 대해 행한 기나긴 연구와 그 방대한 종교적 저술을 아는 이들에게 있어 이는 어딘지 모르게 석연치 않은 설명이다. 프로이트는 하나님이 하늘에서 뚝 떨어진 존재가 아니라, 인간이 내면에서 구성해낸 표상에 불과하다고 하였다. 즉 그가 하나님을 찾지 않은 것이 아니라, 하나님을 어디에서 찾으려고 했느냐의 문제가 그의 하나님을 인간의 무의식에만 있는 하나님으로 전락하게 만든 것이다. 그는 지독하게도 인간의 심층 안에서 이루어지는 하나님에 대한 표상과정에만 평생의 시간과 정열을 송두리째 가져다 부었다. 참으로 희한한 것은 프로이트가 걸어온, 신의 존재를 부정한 무신론자로서의 행보를 그의 방정식에 대입하면 기막히게 정확한 정답이 나온다는 것이다. 다시 말해 그는 결코 하나님의 표상을 건강하게 만들 만한 가정환경이나 문화적 환경을 가지고 있지 못했고, 그러한 그의 삶 전체는 그의 이론을 빛나게 한다. 결국 해답은 간결하다. '하나님 표상이 어쩌면 하나님 개념보다 더 중요하다'는 것이다. 부실한 하나님 표상을 가졌던 소년 프로이트는 평생토록 하나님의 객관적 실재는 허구라고 믿을 수밖에 없었다.

어린 시절 수많은 이복형제와 편모, 할아버지 같은 아빠의 틈에서 자라난 프로이트에게 유모는 중요한 인물이었다. 그 늙은 유모는 프로이트를 그의 이름 지그문트(Sigmund)에서 따온 애칭인 '지기(Siggie)'로 불렀고, 무엇보다 프로이트를 아껴주고 사랑했으며, 성당의 미사에 프로이트를 데리고 다니며 처음으로 기독교신앙을 그에게 소개했다. 프로이트는 이 유모 앞에서 소파 위에 올라가 신부님이 미사 때 하던 설교를 흉내 내기도 하였다. 2세 전후에 그에게 하나님의 존재를 처음 소개해 준 유모는 프로이트가 평생토록 하나님을 표상하는 데 중요한 대상으로 작용했다고 할 수 있을 것이다.

그러던 어느 날, 이 유모는 프로이트가 2살 반쯤 되었을 무렵, 집안에서 절도행위를 하다가 프로이트의 집에서 쫓겨나게 되고 프로이트는 그것을 목격하였다. 어린 프로이트는 그것에 적지 않은 충격을 받았노라고 후에 기록하고 있다. 그에게 하나님을 소개해 준 첫 번째 사람이 갑자기 매우 수치스러운 일로 해고당했던 기억이 아직 미완성된 프로이트의 신 표상 형성과정에 적지 않은 영향을 주었을 것으로 많은 학자들은 지적한다.

그러나 그 유모에 관한 수치스러운 기억 하나만으로 평생토록 그토록 모진 비판적인 신관을 가지게 되었다면서 프로이트는 역시 비정상이라고 혀를 차시는 독자들이 눈에 선하다. 맞다. 그가 경험한 2세 때의 그 수치스럽고 혼란스런 기억의 충격이 그가 하나님을 표상시킬 마음의 자리에 도저히 다른 표상이 생기지 않도록 평생토록 시커먼 재를 뿌렸다는 것은 그리 설득력 있는 설명이 아니다. 물론 그 기억이 프로이트의 신관에 결코 긍정적이지 못한 영향력을 행사했을 것임은 차치하고 말이다. 이에 나는 프로이트가 그토록 부정적인 신 표상을 가지도록 만들었던 다른 결정적 요소들을 그가 살았던 문화적 환경에서 찾아보고자 한다. 이제 독자들은 나와 함께, 프로이트가 거의 일평생을 살았던 오스트리아 빈으로 가게 될 것이다.

기죽은 도시 빈, 가장 비굴한 패배자 아버지

내가 탐험하고자 하는 또 다른 외부적 환경은 소년 프로이트가 살았던 당시 오스트리아 빈의 분위기와 기독교인의 반유대적 태도이다. 수년 전 나는 국제 종교심리학회에 참석차 네덜란드에 갔다가 빈에 2주간 머무른 적이 있었다. 빈을 찾은 이유는 여러 가지가 있었는데, 그곳에 연주 차 잠시 체류 중이던 아내를 만나기 위한 목적이 가장 큰 이유였다. 성악가인 아내와 함께 그 유명한 음악의 도시를 둘러보는 일이 매우 뜻깊은 일일 것이라 생각했기 때문이었다. 빈이야말로 베토벤, 모차르트, 바흐, 그리고 슈베르트에 이르는 수많은 음악가들이 그토록 사랑했고, 최후를 맞은 곳이 아니던가! 위대한 음악가들이 묻혀 있는 묘지를 함께 방문하여 그들의 비엔나 정신을 더듬는 일은 아내의 음악세계의 폭을 한층 넓혀 줄 것이라고 나는 아내에게 한껏 무드를 잡아가며 수차례 말했다. 빈에 진짜 비엔나커피가 있는지 함께 조사해 보자는 애교 섞인 애드립과 함께. 그러나 마음 한편으로는 다른 프로젝트 하나에 날카로운 관심을 쏟고 있었다.

나는 프로이트가 살았던 곳의 사회적 정황을 나의 숨결 안

27

에 넣어 보고 싶었다. 비록 문화적인 변화가 이미 수백 년을 흘러 관통한 자리라도 나만의 백지 위에 그려온 죽은 프로이트보다는 최소한의 숨결이 느껴지는, 살아 있는 프로이트의 그림을 그리고 싶었던 것이다.

오스트리아의 빈은 잘 알려진 대로 아직도 왕가의 체온이 흠뻑 밴 역사의 도시다. 그러나 내가 처음 공항에 내리고 지하철 역 등에서 처음 만나는 사람들의 표정은 그리 밝지 않았다. 미국에 오래 살다가 방문한 터라, 나는 자연스레 길거리에 지나가는 이들에게 눈인사를 전했으나 그들은 그것을 애써 무시하거나, 오히려 째려보는 듯한 눈길로 답하는 무뢰한도 있었다. 웬만큼 잘 아는 사람이 아니면 눈에 힘을 풀지 않는 우리 한국 사람들도 울고 갈 노릇이었다. 게다가 길거리에서 담배를 피우는 사람들은 왜 그리 많은지…… 중학생쯤 되어 보이는 아이들이 버스를 기다리며 2~3대의 줄담배를 피우고, 그것도 모자라 버스에 올라 타는 마지막 순간까지 필사적으로 그것을 빨아대는 모습은 왠지 슬퍼 보였다.

오스트리아에 도착한 지 며칠 되지 않아 우리는 오스트리아를 그저 음악의 고향으로만 생각했을 뿐, 그들이 가지고 있는 깊은 아픔의 실체에 대해서는 무관심했구나 하는 생각이 내게 엄습하였다. 물론 기질 자체가 나쁜 사람들은 아닌 듯했다. 지하철 승차권을 검사하는 이도 없어서 사람들은 자율적으로 승차한다. 가끔 무임승차를 적발하는 승무원에게 걸리는 사람은 관광객이지, 빈 현지인인 경우는 거의 없다고 한다. 차

가울 정도로 검소하고 정직한 그 사람들의 표정을 보고 있노라면 어떤 상실에 대한 그리움과 깊은 우울증이 느껴진다. 순간 전쟁 이후 프로이트가 남달리 가졌던 환멸감과 상실감의 무게가 느껴져 왔다. 후에 좀 더 자세히 언급하겠지만.

오스트리아는 양차세계대전의 가장 비참한 패전국이었다. 왜 그들이 세계대전에서 이탈리아와 함께 독일편이 되어서 끝도 없는 역사의 내리막길로 향할 수밖에 없었을까? 오스트리아는 독일어를 쓰고, 인종을 차별하는 은근한 배타주의적인 성격도 독일과 빼어 닮았다고 사람들은 이야기한다. 사실 독일을 닮았다기보다는 카를 6세 시절부터 700년 동안 오스트리아는 독일과 한솥밥을 먹던 사이였으니 결국 이 둘이 같은 국가라고 보아도 거의 틀림이 없을 것이다. 또한 오스트리아는 1276년부터 1918년까지 중남미 지역을 차지하여 '해가 지지 않는 대제국'이란 별칭으로 불렸다. 유럽 내에서는 영국의 도버에서 이탈리아의 시칠리아까지, 독일의 라인 강에서 루마니아까지 이르는 최대의 영토를 가졌던 영광의 왕국이 바로 오스트리아였다. 클래식음악의 대부분이 이 무렵에 그 화려한 꽃을 피웠던 것 아닌가?

하지만 이들은 전쟁에서 가장 비참한 모습으로 패했고, 엄청난 피해와 상실감을 맛보아야 했다. 광대한 영토를 모두 잃고 겨우 인구 700만 명의 왜소한 공화국으로 전락했지만, 이것마저도 히틀러 치하의 독일에 합병되어 양차세계대전의 아픔을 겪게 된다. 영화「사운드 오브 뮤직」을 보면 오스트리아의 잘츠부르크를 배경으로 합병 이후의 징집상황을 잘 그려내고 있다. 제2차세계대전 중 빈은 연합군의 폭격으로 많은 부분이 파괴되었을 뿐 아니라, 전후에는 아주 비참하게 일그러진 도시가 되었다.

1945년, 독일의 패망으로 오스트리아는 10년 동안 연합군에 의해 신탁통치를 당한다. 신탁통치를 실시한 4개국은 구소련, 미국, 영국, 프랑스였는데 빈은 소련 치하였다. 전쟁에서 패한 아픔과 화려했던 과거에 대한 그리움 – 오스트리아에서 원인 모를 우울함을 느꼈던 것은 어쩌면 오스트리아 국민의 이런 감정이 내게 그대로 전해졌기 때문이었을지도 모르겠다.

한편 어린 프로이트가 경험한 빈은 어떤 것이었을까? 프로이트는 빈에서 반유대인 정서가 팽배한 시절에 유대인의 아들로 살았다. 그 당시 빈에서 유대인으로 살았다는 것은 1960년대 이전에 미국에 살던 흑인들, 혹은 일제 치하에 있던 조선인들의 처지와 크게 다르지 않았다. 프로이트가 후에 마치 사진처럼 기억하는, 약 5~6세 무렵에 겪었던 충격적인 사건이 하나 있다. 프로이트는 아버지가 그와 함께 길을 걷던 중 기독교인들에게 모자가 벗겨지는 수모를 당하는 것을 목격하게 된다. 미국의 흑인인권운동 이전에 미국 남부에서는 버스 안에서 흑인들이 백인에게 자리를 양보해야 하는 법이 있었던 것처럼, 프로이트가 살던 시대의 빈에서도 유대인들은 늘 길을 양보해야 했던 것이다. 기독교인들은 "길 아래로 내려가라!"고 외치며 아버지를 밀쳤고, 그 바람에 모자는 벗겨져 길바닥에 나뒹군다(가끔 프로이트의 삶을 그린 영화를 보면 이 장면의 더욱 극적인 묘사를 위해 아버지의 모자는 흙탕물에 빠지는 것으로, 아버지는 말없이 길 아래로 내려가 그 모자를 건져 다시 지그시 눌러쓰는 모습으로 그려지곤 한다). 이 사건은 당시의 반유대적인 기독교인들에 대해 어린 프로이트가 가진 반감의 기원이 어디서 시작되었는지를, 그리고 후에 그의 이론에서 나타나는 '신(아버지로 표상되는)에 대한 무력감의 흔적을 더듬어 볼 수 있는 단서가 된다.

프로이트가 주장한 신 표상의 이론에 의해 오히려 그가 신을 거부할 수밖에 없었던 심리적 역동도 오히려 잘 설명할 수 있다. 그가 만난 첫 번째 하나님의 흔적은 가혹하리만큼 수치스럽고 아픈 것이었다. 어린 프로이트가 경험한 하나님의 초기 흔적은 그가 그토록 부정적인 하나님의 표상을 구성하여가는 과정에서 적지 않은 비중을 차지하고 있었던 것이다. 결국 프로이트의 신 표상은 그 자신으로 하여금 '인간이 그의 형상을 따라 하나님을 창조하였다'는, 독창적이고 인간학적인 신학을 만들게 한다. 이것이 바로 신학자 프로이트가 표상한 하나님에 대한 또 다른 사실이다.

프로이트가 진짜 죽인 것은?

　프로이트가 종교적 사실에 대하여 어떠한 이론적인 서술을 하고 있는지 알아보기 위하여, 먼저 종교에 관한 그의 초창기 저술을 살펴보자. 가장 초기의 것으로 보이는 중요한 논문 중에 「강박행동과 종교행위」(1907)라는 것이 있다. 이 짧은 논문에서 그는 자신이 치료하는 신경증 환자들의 강박적 행동이 신앙생활이나 종교 의식 등에 나타나는 종교인들의 과민한 집착 및 의례적 행위와 매우 유사한 데에 적잖은 충격을 느낀다고 밝히고 있다.

　프로이트는 신경증 환자들의 강박행동이 가장 잘 드러나고 있는 그들의 의례(儀禮, ritual)를 지적한다. 그가 지적하는 신경증적 의례 중의 하나는 환자들의 수면의례, 즉 신경증 환자들이 잠자리에 들기 전에 가진다는 의례적 행위다. 예를 들면 속옷정리는 어떻게 하고, 자명종의 위치는 어디여야 하고, 베개는 어디에 위치해야 하는지에 대해 나름대로 가지는 엄격한 규칙이라는 것이다. 굳이 신경증 환자들이 아니더라도 우리는 주위에서 이와 비슷한 수면의례를 가지고 있는 경우들을 어렵지 않게 볼 수 있다. 기다란 베개를 다리 사이에 끼고 자는 사람이라든지, 부부의 잠자는 위치가 항상 정해져 있는 경우라든지 하는 것들이 일례가 될 수 있겠다. 자기도 모르는 무의식 중에 크고 작은 규칙들은 가지고 있기 마련인데, 사람들은 이러한 것들이 늘 지켜지기를 기대하고 타인이 자신의 규칙을 흔들려고 하는 경우에는 버럭 화를 내기도 한다. "이 베개는 내 것이야!" 혹은 "왜 남의 자리에서 자고 난리야?" 등으로 말이다.

그렇다면 이러한 행위를 모두 신경증적인 상태로 보아야 할 것인가? 물론 대부분은 심각하지는 않은 경증으로 보통은 소심한 성격 정도로 이해하거나, 심하면 결벽증 환자라고 혀를 차기도 하는 수준 정도일 것이다. 그렇다면 중증인 상태는 무엇일까? 어느 정도 이상이어야 프로이트 같은 전문인에게 도움을 받아야 할 정도로 심각한 것일까? 답은 간단하다. 그러한 수면 의례 등을 행하지 않으면 심한 불안을 느끼는 경우가 바로 강박증적 신경증 환자들의 두드러진 특징이다.

중증인 신경증을 앓고 있는 환자들에게 의례적 행위는 하나의 '신성한 행위'가 된다. 이는 곧 거룩한 행위여서, 이런 행위를 방해받으면 참지 못하고 화를 내거나 거의 폭발 수준에 이르게 된다. 종교적으로 말하자면, 거룩한 행위를 무시한 신성모독쯤으로 여긴다는 말이다. 그렇다면 "모든 의례적인 행위는 다 강박적인가?" 하는 의문이 생긴다. 의례는 의식(儀式, ceremony)보다는 더욱 큰 개념이 아닌가? 식순에 맞추어 진행되는 예식이나 의식과는 달리 의례는 '일상생활에서 우리가 통과하는 패턴의 과정'을 말한다. 아침에 일어나면 화장실부터 가고, 비몽사몽인 채로 꼭 신문을 찾아 가지고 들어가는 이의 아침 패턴은 분명히 의례적인 것이다.

이러한 수없이 많은 의례적 행위들을 강박적인 행위와 어떻게 구분할 수 있을까? 어느 날 신문이 늦게 배달되어 신문 없이도 화장실에서의 볼 일이 잘 이루어지면 강박적인 행위가 아니고, 신문 없이는 쾌변이 불가능하다고 여겨 불안한 나머지 그날 왠지 찜찜한 용변을 보면 강박증인가? 프로이트 자신도 이러한 의례적인, 그리고 강박증적인 행위들을 완벽하게 구분할 수 있는 근거는 없노라고 말하고 있다. 그럼에도 그 두 행위들을 비교분석하고자 하는 프로이트의 이유가 있을 법 하다.

강박행동과 종교행위는 닮은 꼴

종교인들의 의례적인 행위와 프로이트가 치료한 신경증 환자들이 가지는 강박증세 사이의 유사점에 대한 연구는 나의 종교적 의례 행위의 한 단면을 늘 의심 가득한 눈초리로 돌아보게 만든다.

나는 4대째 기독교를 믿는 집안에 3대독자로 태어났다. 태어나기 전부터 나는 기독교인이었다. 물론 여기서 기독교인이라는 정의가 무엇인가에 따라서 그 논의의 방향도 달라지겠으나, 여기서 내가 사용한 '태중부터 기독교인'이란 말은 내가 태어나기 전부터 나는 기독교적인 의례에 따라 살아가도록 예정되어 있었다는 뜻이다. 즉 내가 말을 제대로 시작하기 전부터 나는 "아멘"이라는 단어를 들었을 것이요, 젓가락 사용법을 숙지하기 훨씬 전부터 손 모아 기도하는 '척'해야 밥을 얻어먹을 수 있다는 패턴을 숙지하였을 것이라는 의미다.

철이 들어가면서 가장 중요한 가정의 종교의례 중 하나가 일요일이 되면 교회에 함께 가는 일이 되었음은 두말할 나위도 없다. 나는 어린 시절 딱 한 번 일요일에 교회에 가지 않은 사건을 지금도 비디오처럼 기억하고 있다. 아니 비디오 정도가 아니라, 손상의 위험이 거의 전무한 DVD 정도로 하는 것이 좋겠다. 이 사건을 그런 비디오나 DVD와 같은 기억장치에 나의 '의식'이 보관하고 있었는지, 아니면 나의 '무의식'이 조금 포맷을 다시 하여 어딘가 모르는 곳에 깊숙이 보관하고 있었는지는 조금 있다가 다루기로 하자.

초등학교 6학년 때의 일이다. 물론 당시 나는 초등학교가 아닌 국민학교를 다녔다. 졸업을 반년쯤 앞두고 마지막 졸업 여행을 갔는데, 어느 강원도의 계곡에 가서 텐트를 치고 하루를 지내다가 오는 일정이었다. 남녀공학인 국민학교를 마치고 이제 곧 까까머리 중학생으로 남자 중학교에 진학할 예정인 남학생 모두에게 이 마지막 졸업여행은 손꼽아 기다릴 수밖에 없는 크나큰 이벤트였다. 나 역시 예외는 아니었다. 그런데 풀기 쉽지 않은 듯한 문제 하나가 내게 발생한다. 일요일 새벽에 출발하는 여행 일정 때문에 예배에 불참해야만 한다는 것이다. 의례적 행위가 지난 10여 년 동안 한 번의 방해도 없이 꾸준하게 진행되어 이미 패턴화되어 있던 나의 사고로는 참으로 풀기 어려운 숙제였다. 어떻게 할 것인가? 가장 뚜렷한 생각은 무슨 일이 있어도 마지막 졸업여행을 가긴 가야 한다는 것이었다. 어렸을 때니 '예배야 뭐 매주 드리면 되지만, 이 여행은 일생에 단 한 번뿐이잖아.' 하는 생각이 들었을 법하고, 나의 기억으로는 어머니를 조르다가 나중에는 단식투쟁에 돌입하였던 것 같다. 보다 못한 어머니는 여행을 허락하셨다.

기쁨은 하늘을 찔렀다. 계곡에서 친구들과 수영했던 장면이 아직도 생생하다. 남자친구들이 여자친구들에게 보여주기 위해 제법 높은 바위 위에 올라가 다이빙을 시작하였다. 이름이 수영이기는 하지만 수영실력이 그다지 변변치 않았던 나는 다이빙이 내키지 않았지만, 모두 다 하는 다이빙을 마다할 수는 없었다. 얼마나 엉성한 자태로 입수했는지 내가 보지 않아 알 수는 없지만, 어쨌든 나는 강물 속으로 뛰어 들었고 그것을 쳐다보던 여자친구들도 즐거워하는 듯했다.

그러고는 물속에서 한참을 놀다가 나는 갑자기 어딘가 서늘하게 느껴지는 부위를 감지하였다. 먼저 수영복이 있어야

할 곳에 있는지 확인해 보았는데, 다행히 가릴 것을 가리면서
붙어 있었다. 그러다가 나는 언뜻 내 주위의 물가에 붉은 색이
퍼지는 것을 발견하였다. 깜짝 놀라 물에서 서서히 걸어 나오
기 시작했는데, 갑자기 무릎에 심한 통증이 느껴져 오른쪽 무
릎을 내려다보는 순간 나는 거의 기절할 뻔하였다. 다이빙을
하다가 물속에 있는 바위에 심하게 부딪혔는지 무릎에는 피가
흐르고 있었고, ㄷ자로 찢겨진 살점은 물에 불어 너덜거리고
있는 것이 아닌가? 어린 나를 더 큰 충격으로 몰아넣었던 것
은 뒤집어진 살점 사이로 뼈처럼 보이는 하얀 것이었다. 아마
도 그래서 그토록 어딘가가 시렸나보다.

　하늘을 찌르던 축제는 이 사건으로 완전히 반전되었다. 모
두가 나의 무릎을 보고 울고불고 난리가 났다. 일단 선생님 한
분이 나를 들고 뛰기 시작하였다. 내 기억으로는 30분가량 뛰
어야지 차편이 가능했던 것 같다. 그러고는 근처 마을에 병원
을 찾았는데, 일요일이라 개원한 곳이 없었다. 마을에 물어물
어 의원을 하는 어느 의사 선생님의 가정집으로 찾아가기에
이르렀고 마침내 그곳 가정집 마루에서 수술을 받게 되었다.
물에 불은 살점은 꿰매기가 쉽지 않다는 의사 선생님의 푸념
을 들으며, 일단은 약 15바늘가량을 꿰맸다. 서울에 올라가는
대로 꼭 병원에 가서 재차 확인하라는 의사선생님의 당부를
들으면서 우리는 다시 계곡으로 향했다. 계곡에 도착하였지만
친구들은 이미 축제 분위기를 상실한 듯했고, 일정을 당겨 서
울로 향했다. 선생님들은 엉성하게 꿰매진 것 같은 내 무릎이

내심 걱정이 되셨던 것 같다. 올라오는 내내 나는 나로 인해 망친 졸업여행 생각에 마음이 무거웠고, 친구들에게 미안하고 수치스런 마음을 금할 길이 없었다.

6학년 시절의 남은 시간 동안, 나는 단 하루도 친구들과 마음대로 뛰어 놀지 못했고 체육시간마다 빈 교실을 지켜야 했다. 마지막 방학숙제로 낸 그림을 반에다 전시했는데, 방학 중 친구들의 온갖 다양한 활동들을 그린 그림들 사이에 홀로 누워 있는 나의 모습을 그린 내 그림이 처량하게 전시되었던 장면이 아직도 눈에 선하다.

그 사건이 있은 후로 나는 지금까지 단 한 번도 일요일에 교회에 빠지는 일을 해본 적이 없는 것 같다. 사실 나는 그 이후에 이러한 의례적 행위가 나의 정상적인 신앙생활로 복귀한 것이라 생각하였을 뿐, 나의 무의식이 그 이후 의례적 행위에 어떠한 새로운 작용을 하게 되었는지는 전혀 생각해 보지 않았다. 그로부터 10여 년이 흐른 뒤에 프로이트의 「강박행동과 종교행위」라는 논문을 읽고 나서야, 어린 시절 내가 겪은 사건 뒤에 도사리고 있던 나의 무의식의 행로를 짚어볼 수 있었다.

만 26세쯤 되었을까? 내가 미국 보스턴에서 유학하던 시절로 이야기는 계속된다. 지금은 아내가 된 당시 여자친구와 나는 보스턴에서 석사학위를 밟고 있었다. 우리는 틈만 나면 만났고, 주말마다 교회에 함께 가는 것이 우리의 중요한 의례적 행위였다. 보스턴의 한 한인교회에서 나는 대학생과 청년들을 지도하는 신학생으로, 아내는 성가대의 솔로이스트로 일하면서 둘 다 열심히 교회생활을 하였다. 아직 결혼하지 않은 사이였지만 교회에 가면 마치 부부처럼 붙어 다니며 다른 부부들 사이에 묻혀 부부행세를 미리 하는 재미에 나는 내심 종교적 행위 그 이상을 즐기고 있었는지도 모른다.

그러던 어느 날 여자친구는 내게 다음 주 일요일은 교회에 출석할 수 없다고 통보하는 것이었다. 왠지 내겐 청천벽력과 같은 괴변(怪變)처럼 들렸다. 왜일까? 여자친구는 일요일 오후에 담당교수의 제자들이 모여 정기 연주회를 하게 되었는데, 오전에 모여 마지막으로 연습하고 오후 2시경에 연주를 시작해야 하기 때문에 미국교회의 예배당을 빌려 오후 1시에 드리는 한인교회 예배를 드릴 수 없겠다는 것이었다. 오전에 미국인교회에 함께 가려 하여도 연습일정과 겹쳐 여의치 않는 듯했다. 기독교집안에서 자란 여자친구지만, 예배를 빠질 수밖에 없다고 하는 말에 나는 적잖은 충격을 받고 말았다.

그날 밤, 나는 잠을 청할 수 없었다. 밤새 뒤척이다 벌떡 일어나 예배순서를 짜고 순서지를 제작하기 시작했다. 두 장의 순서지를 예쁘게 인쇄한 뒤, 나는 설교 준비를 시작했다. '그래, 우리 둘이라도 예배를 드리면 되잖아. 내가 누구야? 예비목사 후보생이잖아?' 하는 생각에서였다. 왠지 모를 불안에 떨던 나는 그제야 안도감에 거친 숨을 몰아쉬면서 동이 트자마자 여자친구의 기숙사로 향했다. 아직 이른 아침이었지만 나는 여자친구를 불러냈다. 영문도 모르고 잠을 완전히 떨쳐내지 못한 표정의 여자친구는 무슨 큰일이라도 난 줄 알고 걱정부터 앞세웠다. 나는 무조건 옷 갈아입고, 성경과 찬송가를 들고 나오라고 말했다. 평소 같으면 따져 물을 법도 한데, 아마도 잠결이어서 여자친구는 나를 따라 나섰나보다.

나는 여자친구의 학교에 들어가 빈 강의실을 찾았다. 다행히 음악대학원이라 방마다 피아노가 있어서 예배드리기에는 안성맞춤이었다. 적당한 방을 찾아서 자리를 잡은 뒤, 내가 밤새 준비한 예배순서지를 받아 들고서야 여자친구는 내가 무엇을 하려는지 감을 잡기 시작하였다. 나는 여자친구에게 예배를 위한 반주를 부탁하였고, 나의 사회로 예배는 시작되었다. 내가 기도하고 성경도 읽고, 성가대가 없는지라 여자친구에게 특송도 부탁하였다. 나의 짧은 설교와 기도로 예배는 마무리되었다. 나는 세상에서 가장 편안한 모습으로 여자친구에게 "이제 되었노라."며 기숙사 안까지 배웅하여 주고, 전쟁에 승리한 장군의 모습으로 돌아왔다. 하지만 왠지 여자친구의 모습은 그리 밝지 않았다.

그 후로도 나는 한동안 '내가 했던 의례적 행위가 얼마나 아름다운 것이었던가'하는 자기애적(自己愛的)인 감상에 간혹 젖어들곤 했다. 나는 마치 여자친구를 무슨 지옥에서라도 건져 올린 듯한 무용담을 나 스스로에게 전하고 있었는지도 모른다. 그러나 사실 그날 지옥에서 건져진 사람은 다름 아닌 나 자신이었다. 여자친구가 예배를 드릴 수 없게 되었던 일요일 전야에 나는 그 얼마나 불안해했던가? '여자친구에게 무슨 일이라도 생기면 어쩌나? 아니, 분명히 생길 거야. 옛날의 나처럼 무릎이 깨질 수도 있고…… 아니 어렸을 때니까 그 정도지, 이젠 나이도 있고 하니 머리가 깨질 수도 있을 거야…….'
나의 불안과 허구적 상상은 꼬리를 물고 커져만 갔었음에 틀림이 없다. 결국 나의 기발한 예배구상으로 나는 그 밀려드는 공포감으로부터 스스로를 방어할 수 있었던 것이다. 그러고는 한동안 나는 내 자신이 보여준 그 기특한, 아니 갸륵한 순발력에 상당히 좋은 점수를 주고 있었다. '나는 역시 신앙이 대단히 좋은 청년이야.'라고.

지금도 가끔 아내에게 그때의 일을 묻곤 한다. 그때마다 나는 아내가 나에 대해 '신앙이 대단히 좋은 청년'의 이미지를 가지고 있지 않았음에 놀라게 된다. 아내는 그때의 내 모습이 '약간 맛이 간 사람처럼 보였다고 고백했다. 내 신앙의 정도를 가늠하기보다는 어딘가 상태가 좋지 않은 비정상적인 인간으로 보였다고 하니, 이건 또 웬일인가?

프로이트가 주는 암시는 나의 무의식이 길고도 주도면밀한 작전으로 나를 온통 휘감아오고 있었음을 보여주기에 충분했다. 내가 6학년 때 겪은 그 사건은 나로 하여금 하나님 표상을 '예배를 보지 않는 이들에게는 철퇴를 내리시는 하나님'으로, 다시 말해 매우 극단적으로 내 무의식에 각인시켜 주었다. 물론 이러한 하나님 표상은 평소에는 내 의식 바깥으로 모습을 드러내지 않았을지도 모른다. 그래서 내가 후에 오랫동안 고백하여 왔던 다른 하나님 개념, 즉 사랑의 하나님 혹은 정의의 하나님의 모습과는 별개로 나의 심층 깊숙한 곳에 숨겨져 왔었는지도 모를 일이다. 그러나 분명한 것은 여자친구가 예배를 드릴 수 없게 된 그 전날 밤, 내가 가진 하나님의 모습은 단 한 가지, '이제 나의 하나님이 내 여자를 다치게 할 것이다.'라는 것이었다. 이런 불안과 공포가 바로 프로이트가 지적한 신경증환자들이 가지는 강박증적인 증세의 가장 특징적인 장면인 것이다. 종교인이 가지는 신앙의 측면에 도사리고 있는 강박증적 증세를 유추해낸 프로이트에, 신학을 공부하던 나 역시 여지없이 걸려든 것이다.

그러나 프로이트를 통해 다시 들여다본 나의 신앙의 모습은 나에게 패배감보다는 새로운 자극과 자유로움을 허락하였다. 아는 것이 병일 때도 있지만, 분명히 이 경우에는 아는 것이 나의 신앙에 새로운 도전을 주는 원동력이 될 수 있었다.

프로이트, 강박적인 종교성을 죽이다

프로이트는 강박행위가 정신건강상 얼마나 큰 병이냐 아니냐의 문제로 고민할 우리들을 이미 고려하고 있는 듯하다. 그는 강박행위 그 자체가 병은 아니라고 본다. 문제의 심각성은 우리가 아무리 사소한 강박증적 행위라도 그 행위를 알고 하느냐, 모르고 하느냐에 따라 결정된다. 강박증적 행위 뒤에 도사리고 있는 불안과 공포는 결국 끝없이 커져만 가서 결국 막다른 골목에 이르면 폭발하기 일쑤다. 모르는 상태로 진행되는 이러한 불안증세와 공포증은 분명코 치료를 요하는 병인 것이다. 프로이트는 정신분석이야말로 인간의 다양한 강박행위의 의미를 인식하고, 강박행위의 무의식적인 동기를 의식하도록 도울 수 있다고 믿었다. 프로이트에게는 무의식에 대해서 '모르는 게 병이요, 아는 것이 힘이자 치료'라 인식하였고, 더욱이 이런 강박증적 증세를 위한 치료작업은 오직 정신분석적인 과정을 통해서만 가능하다고 굳게 믿었다. 왜냐하면 모든 강박행위는 늘 '무의식적인' 동기와 '무의식적인' 사고를 반영하고 있고, 정신분석이 없는 무의식의 세계는 의식의 표면으로 여간해서는 올라오기 힘든 과중한 무게를 지니고 있다고 본 까닭이다.

프로이트가 강박행위와 종교인의 행위 사이의 유사성에 대해 관심을 가지는 가장 주된 이유는, 종교인들에게서 찾은 무의식적 죄의식이 강박증 환자들의 무의식을 들여다볼 수 있는 통로 역할을 할 수 있다고 생각했기 때문이다. 프로이트는 종교인들의 죄의식, 즉 종교인들이 자신들이 용서받을 수 없다고 생각하는 신념을 통해 강박행위에 이르는 요긴한 길을 발견하였던 것이다. 그는 종교인들에게서 발견되는 죄의식을 통해 큰 깨달음을 얻은 듯이 다음과 같이 말한다. "우리는 강박과 금제의 고통을 받는 환자들이, 죄의식이 무엇인지도 모르면서도 일종의 죄의식 같은 것에 사로잡힌 것처럼 행동한다고 말할 수 있다."

프로이트는 많은 종교인들이 가지고 있는 죄의식의 배후에는 공통적으로 '가상적인 불안, 불행에 대한 예감'이 수반되고 있음을 간파하였다. 프로이트는 사실상 종교인이 가진 죄의식 덕분에 그의 환자를 더 잘 이해할 수 있게 되었는지도 모를 일이다. 그는 "계속되는 유혹에 따르는 죄의 신, 신의 징벌에 대한 공포형태의 불안은 신경증의 경우보다는 종교의 영역에서 훨씬 더 우리에게 낯익다."라고 언급한 바 있다. 엄청난 불안 가운데 있지만, 죄악의 결과에 대한 공포감으로 기울어지는 현상이 신경증 환자보다는 종교적으로 경건한 사람에게 훨씬 일반적이라는 것이 프로이트에게는 흥미로운 일이 아닐 수 없었다. 종교인들이 가지고 있는 종교적 행위, 의례, 혹은 종교적 신념 등을 자세히 연구하는 일이 그에게는 무의식의 병리적 작용을 드러내는 구조를 연구하는 것과 크게 다르지 않았다. 그는 기독교나 유대교, 혹은 불교 등과 같은 특정 종교를 연구하는 일에는 애초부터 관심이 없었을 것이다. 하나님의 개념이 아닌, 표상에 관심을 가졌던 프로이트는 종교학 자체를 탐구하겠다는 관심보다는 종교인들이 가지고 있는 다양한 종교성(religious-ness)의 보편적인 특성에 깊이 관심을 가졌던 것이다. 어찌하여 종교인들은 다양한 종교를 가지고 있다고 하여도 다분히 보편적이고 강박증적인 종교행위를 구성하는 것인가? 프로이트가 병리적 특징을 가지고 있다고 본 것은 사실 종교 그 자체가 아니었다. 그는 종교를 사고하고, 느끼고, 표상하고 행위로 옮기는 종교인들에게서 나타나는 특징들을 보면 보편적으로 병리적인 구조를 가지고 있다는 결론을 내리게 되었던 것이다. 즉 '종교적' 신념, '종교적' 감정, '종교적' 의례 등의 보편적인 특징인 '종교성'이 그의 주된 관심이었다. 물론 결론적으로 프로이트의 종교관의 전개과정에 있어서 종교성과 종교의 문제가 뚜렷하게 구별되지는 않는다. 결국 그는 종교성을 근거로 종교에 대한 그만의 독특한 결론을 가져온다.

프로이트는 신경증적 증세와 종교성을 비교하는 과정에서 두 가지 현상의 유사성과 상보적 특징을 통해 간결한 결론을 내리기에 이른다. 신경증은 한 개인의 종교성이요, 종교는 인류의 보편적인 강박신경증이라는 것이다. 프로이트의 종교성에 대한 관심은 자연스럽게 태초의 종교 기원의 문제로 비약된다. 보편적인 종교성을 미루어 짐작하여 최초의 종교를 재구성하는 방식은 다소 속도위반인 면이 없지 않다. 그는 수많은 종교들을 믿는 현대 종교인들의 공통적인 심리현상을 가지고, 태초의 종교를 만들고 신봉하였을 원시인들의 심리현상의 시작과 연결하는 재빠름을 보이고 있다.

프로이트가 병리적으로 파악한 인간의 종교성은 결국 종교인들이 그간 믿어 왔던 하나님의 존재를 죽인다. 즉 프로이트는 태초의 종교 기원을 재구성하는 노력을 통해 다른 후속 종교들의 역사 자체에 종지부를 찍는다. 모든 종교는 보편적인 강박신경증이라는 선언 하나로 말이다. 왜 모든 종교를 프로이트는 '보편적'이란 단어로 묶어내려고 하였는가? 프로이트는 기독교나 이슬람교, 혹은 불교 할 것 없이 모든 종교 이전의 선사시대의 인간, 즉 원시인들의 집단생활로 거슬러 올라가는 인류학적인 시나리오를 재구성하고 있다. 예를 들면, 최초의 종교 형태로 볼 수 있는 토템종교의 기원에 대한 심리학적인 상상력을 총동원한다. 보편적으로 나타나는 다양한 토템동물의 희생제가 가지는 의미는 무엇이며, 토템동물은 그 공동체에게 무엇을 의미하는 것일까?

그의 기발한 시나리오는 다음과 같다. 원시인 종족의 가부장인 아버지와 수많은 배다른 아들들이 있다. 이러한 아들들은 늘 아버지에게 양가적 감정(ambivalent emotion)을 갖고 살아간다. 아버지는 종족의 존경받는 우두머리이고 보호자이지만, 종족의 여자들을 포함한 모든 것에 소유권을 행사하고 있는 폭군이기도 하다. 사랑하면서도 증오스러운 폭군 아버지를 두고 아들들이 어느 날 모여 집단적인 행동을 모의한다. 결국 아들들이 무리를 지어 아버지를 살해하고 시신을 나누어 먹는다는 것이다. 당치도 않는 상상처럼 들리는 이것을 프로이트가 상정하는 이유는 아들들이 아버지를 살해하고 아버지의 부재를 직감적으로 느끼고, 그 아버지를 먹음으로써 부분적으로 아버지의 권위와 힘과의 동일시를 시도하였을 것이라는 상상이다. 그럼에도 아버지의 부재를 극복하지 못한 아들들이 필요로 했던 것은 아버지의 위치를 대신할 '상징'이었을지도 모르고 이에 따라 특정의 동물, 즉 토템이 선택되고 결정된다.

토템의 기원에 대한 프로이트의 심리적 설명은 두 가지다. 먼저, 죽은 아버지에 대한 동경이 토템을 만들었을 것, 두 번째로 살인자가 느끼는 죄책감을 다루기 위한 대상으로서의 토템이라는 표상이 필요하였을 것이라는 설명이 그것이다.

황당하기까지 한 프로이트의 시나리오는 희생제에 대한 그의 해석으로 더욱 탄력을 받는다. 사람들은 어찌하여 토템을 다시 죽이는 희생제를 행하는가? 아버지가 지닌 권위나 힘이 시간이나 조건이 변하여 약화될 때마다 토템동물의 희생제를 통해서 아버지 살해라는 범죄(부분적 동일시)를 의무적으로 반복한다는 것이다. 프로이트는 이러한 강박증적인 의례의 시작이 인류의 첫 번째 종교인 토템종교를 만들게 되었다고 생각했다. 결국 그의 시나리오를 통해 프로이트는 종교의 태동 자체가 강박증적 종교성의 발현으로 구성된 것이라는 결론을 내린다. 그가 본 병리적 종교성이 병리적인 종교의 원형을 구성하고, 그러한 종교에 연이은 인류의 기존 종교들은 결국 보편적인 집단신경증이라는 공통분모를 공유하게 되었다는 것이다.

내가 보는 프로이트는 애초부터 종교의 존재유무를 놓고 투쟁하려 마음먹고 덤벼드는 무신론자가 아니었다. 그는 잠자는 시간도 없이 공부하고 치료에 몸 바쳤던 학자요 치료사였다. 그에게 찾아온 신경증 환자들의 '강박증'을 해소하기 위해 그는 온갖 정열을 다 바쳤고, 종교인들이 가지고 있는 죄의식 등의 '종교성'이 그가 죽이기 위해 씨름하는 '강박증'과 공동의 적으로 간주된 것이다. 그의 유일한 타도대상은 신경증 환자와 종교인이 가진 강박증적 증세였다. 사실 그가 쓴 초기 저술의 어디에서도 하나님을 무효화하고, 종교를 타도하겠다는 가열찬 투쟁의지는 찾을 수 없다. 그는 정신분석을 통하여 강박증이 치유될 수 있는 것처럼 병리적인 종교성도 치유될 수 있다고 믿었다. 종교인들에게 종교가 사실은 집단적 신경정신증이라는 무의식적 동기를 알리는 것이 그가 생각한 치유의 첫 번째 단계이다. 그래서 결국 그는 종교 자체를, 그리고 하나님을 죽이는 시나리오를 바쁘게 써내려 간 것이다. 후대 많은 종교인들과 신학자들에게 가장 큰 비판을 받는 대목이 이것이지만, 나는 이를 그가 강박적인 종교성 치료를 위해 취한 필사의 충격요법이라고 본다.

위험한 전이, 종교인이 가진 독성

어찌 되었든 프로이트의 토템종교에 대한 시나리오를 듣고 나면, 수많은 종교인들이나 신학자들이 몰려들어 프로이트를 잡아먹으려고 할 것이다. 그의 시나리오에 의하면 종교인들이 믿고 있는 신과 악마가 사실은 근본적으로 동일한 것이라는 충격적인 주장을 받아들여야 하기 때문이다. 다시 말해, 신이나 악마 모두 양가적인 아버지 표상의 분리(split) 때문에 생긴 것이라는 주장이다. 이에 앞서 언급한 '사실'에 대한 새로운 정의에 의하면, 프로이트는 신과 악마라는 종교적 '사실'을 불변하는 객관적인 내용으로 보기보다는 아버지라는 대상을 통해 주관적으로 표상하는 심리적 과정에 초점을 맞추고 있다.

물론 여기서 나는 프로이트가 제시한 시나리오를 액면 그대로 믿어도 좋다는 말을 하려는 것이 아니다. 그랬다가는 단체로 몰매를 맞을지도 모른다. 특히 시나리오에서, 개인의 종교성은 인류의 원시적인 아버지 이미지의 '유전된 기억의 흔적'과 관련되어 있다고 주장하는 대목은 만화책의 한 장면을 보는 듯하다. 많은 후대 학자들이 어떠한 인류학적인 혹은 유전공학적인 증거도 제시하지 않고 비약의 절정을 이루는 이 대목에서는 비판의 목소리를 드높이는 것이 사실이다. 물론 남성 중심적이고, 이론에서의 지나친 비약이 프로이트 이론이 가지고 있는 약점임은 나 역시 손쉽게 비판할 수 있다. 나는 다만 프로이트의 파격적인 이론전개 때문에 그의 신 표상에 대한 이론 자체가 너무 쉽게 비판받고, 너무 쉽게 버려지는 것이 아쉬울 뿐이다. 종교에 우호적인 융의 경우에는 그의 주장이 너무 쉽게 받아들여지고 비판할 대목을 찾는 것도 쉽지 않기 때문에, 학자들마저도 '프로이트는 친해지기가 어렵고, 융은 미워지기가 어렵다고 고백할 정도이니 아쉽기만 하다.

프로이트가 가지고 있는 황당한 시나리오에서도 우리가 건질 것이 있을까? 그는 최초의 종교적 의례란 종교인의 강박적 특징, 즉 불안감과 죄책감 속으로 억압되었던 종교성이 다시금 살해된 아버지에 대한 표상으로 회귀하는 것을 의미한다고 보았다. 그래서 종교의례 자체가 목적이 된다. 즉 토템에 대한 집착과 강박증이 종교의 목적으로 탈바꿈한다는 것이다. 결국 인류의 첫 번째 종교에서 하나님은 결국 애증의 관계를 가지고 있는 아버지라는 대상이고, 그 대상을 동경하고 회귀하는 표상과정이 결국 종교 그 자체라고 보았다. 프로이트가 본 종교인의 하나님은 결국 그들이 유아기 때에 관계를 가지는 한 대상에 대한 표상이라는 것이다. 이러한 이론을 후대 학자들은 '대상관계이론(object relations theory)'이라고 부른다(프로이트가 남자아이와 아버지와의 대상관계에 집중한 반면, 프로이트 이후의 대상관계이론가들은 어머니나 다른 유아기 초기의 대상에도 깊은 관심을 가지고 연구하고 있다).

오래전 프로이트가 주창한 종교이해, 즉 그의 대상관계이론이 현대를 사는 우리 시대의 종교인들에게 공헌하는 점도 과연 있을까? 나는 일단 여기서 두 가지 점을 강하게 지적하고자 한다. 첫 번째로 프로이트가 분석한 의례에 집착하고 강박증적인 증세를 보이는 종교성 이해는 우리에게 귀중한 메시지 하나를 준다. 인류 최초의 종교에 대한 그의 시나리오를 전적으로 믿지 않더라도, 종교의 형식에 대한 지속적인 개혁과 본래의 가치회복을 위한 노력을 경주하지 않으면 안 된다. 의례가 하나님이 될 수도 없고, 의례에 대한 지나친 집착은 우리를 결국 종교로부터 멀어지게 하기 때문이다.

프로이트의 정신분석학에서 소개하는 가장 중요한 개념 중의 하나는 '심리적 전이(psychological transference)'로, 이는 내가 특정한 대상이나 사람에게 감정적인 에너지를 쏟아붓는 현상이다. 프로이트가 만난 환자 중에 남편과 별거 중인 여인이 있었다. 항상 특정한 의자에만 앉는 그녀는 어느 날 프로이트에게 "나는 한번 자리 잡으면 그것과 떨어지기가 힘들어요."라고 말한다. 그녀는 그녀 자신이 집착하고 고집하는 의자에 그녀의 남편에 대한 감정을 전이시키고 있었던 것이다. 종교인들이 프로이트의 도전을 통해 짚고 넘어가야 할 중요한 대목이 바로 이러한 전이현상이다. 우리의 삶에서도 사소한 종교 관습이나 의례들이 종교 생활의 본질이 되어버리는 전이가 일어나고 있지는 않는가? 성서의 한 구절에 집착하여 평생을 싸우고, 종교적 의례의 순서 하나 바꾸기가 천지개벽보다 어렵다면, 우리는 강박증이 개인의 종교성이라는 프로이트의 방정식을 그리 쉽게 피해갈 수 있을까?

두 번째로 보는 프로이트의 대상관계이론의 공헌은 이 시대에 더욱더 무시할 수 없는 자명한 것이라고 나는 생각한다. 프로이트는 사회적으로 부정하고 해로운 본능(폭력성)을 신에게 전이하는 역사에 대한 경고를 여러 차례 한 바 있다. 여기서 신이란 표상은 인간의 억압된 본능을 가장 안전하게 터뜨려 버릴 수 있는 매체가 된다. 인류의 역사를 보면, 문명사회에서는 용인되지 않는 폭력성을 신들에게 돌림으로써 종교를 교묘히 이용한 경우가 있어왔다는 것이다. 역사적인 예들은 실로 적지 않다. 신의 이름으로 행해진 학살과 전쟁, 나치의 유대인 학살뿐만 아니라, 최근의 이라크 전쟁도 예외는 아니다. 미국의 부시대통령은 9·11 참사 1주기 연설에서 "미국은 세상의 빛"이라고 천명한다. 연이어 그는 "빛이 어두움에 비취되 어두움이 깨닫지 못하더라"는 성서의 한 대목을 인용한다. 그가 인용한 「요한복음」의 '빛'이 그리스도를 상징하는 것임을 웬만한 기독교인들은 다 안다. 당시 미국에 살던 나는 이 대목을 듣고 소름끼치게 아연실색하며 프로이트를 떠올릴 수밖에 없었다. '종교란 결국 억압된 본능과 폭력성을 신이란 거룩한 이름으로 발현하는 것'이라는 프로이트의 주장이 정말 21세기에도 통하는 이야기란 말인가? 전쟁을 강행하는 한 나라의 폭력성이 가장 안전하게 그리스도에게 전이되는 모습을 수많은 국민들은 환호하며 들었다. 물론 그의 연설은 여느 때처럼 "하나님이 미국을 축복하시길(God bless America)."로 끝을 맺었다. 순간 프로이트의 비웃음이 내 귓가를 때렸다. "뭐, 내가 어디 장사 하루이틀 하냐?"

프로이트의 환상을 깨버린 전쟁의 서곡

전쟁으로 시작된 21세기에 프로이트를 가장 빨리, 그리고 비교적 정확하게 이해하기 원하는 학생들에게 나는 꼭 그의 소논문 하나를 소개하곤 한다. 「전쟁과 죽음에 대한 고찰」이 그것이다. 이는 제1차세계대전이 일어난 지 여섯 달 뒤인 1915년에 저술되었다. 이때가 바로 유럽의 '해가 지지 않는 나라'인 대 오스트리아 제국이 퇴락의 길을 걷는 길목에 있었던 시기였다는 점에 유의해야 한다. 물론 프로이트가 전쟁 이후에 쓴 이 논문은 그저 조국의 비운의 역사를 가슴 아파하는 민족주의적 단상을 넘어선 문명비판적 요소로 가득하다.

비운의 서곡은 1914년 초여름으로 거슬러 올라간다. 역사가마다 해석이 조금씩 다르겠으나, 1914년 6월 28일 보스니아의 수도인 사라예보(그 당시에는 오스트리아 통치하에 있었다)에서 오스트리아군의 훈련을 참관하러 방문한 오스트리아 황태자 페르디난드 부처를 세르비아 비밀결사단체 소속의 프린치프라는 19세의 학생이 암살한 것이 제1차세계대전 발발의 직접적인 계기였다고 보는 견해가 지배적이다. 그 이유는 이 작은 사건 하나가 실로 엄청나게 많은 다른 나라들을 도미노식으로 하나의 전쟁으로 몰아가는, '세계대전(World War)'이라는 새로운 형태의 전쟁의 발발을 유도하였기 때문이다.

이의 이해를 위해서는 당시의 유럽 내의 동맹구조를 살펴보는 것이 무엇보다 중요하다. 세르비아는 러시아와 같은 슬라브족으로서 동맹관계를 가지고 있었고, 오스트리아는 독일, 이탈리아와 동맹관계였으며 러시아는 프랑스와 동맹관계였다. 또한 프랑스와 영국은 느슨하지만 동맹을 맺고 있었기에 한쪽에서만 전쟁이 벌어져도 그것이 유럽전체로 확대될 가능성은 항상 잠재하고 있었던 것이다. 결국 오스트리아가 1914년 7월 28일 세르비아에 대해 선전포고를 하게 되고, 이후 연쇄적으로 전쟁이 확산되는 도미노가 시작된다.

오스트리아가 세르비아에 대해 선전포고를 한 것은 세르비아와 강력한 동맹관계를 가지고 있던 러시아에 대한 선전포고와도 같은 결과를 초래한다. 따라서 오스트리아와 러시아가 전쟁에 돌입하게 되었고 결과적으로 오스트리아와 동맹관계였던 독일 또한 러시아에 대해 전쟁을 선언하였다. 한편 러시아와 동맹관계였던 프랑스도 독일과 전쟁을 일으켰고 영국도 프랑스의 동맹국이자 독일이 침공한 벨기에의 동맹국으로서 전쟁에 뛰어들게 되는, 그야말로 도미노의 전형을 보여준다. 이런 도미노식 참전으로 인해 세르비아와 오스트리아와의 전쟁은 결국 유럽의 주요 열강들이 모두 참전하는 세계대전으로 발전하게 되고, 이후에도 참전국들은 점점 늘어나게 되었다. 이와 같이 '동맹국이 참전하니 나도 덩달아 참전한다'는, 사실 상 '적도 모르는 전쟁'으로 시작된 것이 다름 아닌 '세계대전'의 시발인 것이다. 사실 이 세계대전이라는 야릇한 전쟁형태가 지금은 상식이 되어 버렸다. 중동문제와 무관한 한국이 이라크전쟁에 투입되는 양상과 실로 비슷하다 아니 할 수 없다. 당시 유럽의 전쟁 참전국 모두 다 그해의 크리스마스 이전에 전쟁이 종결될 것으로 예측하였으나 전쟁은 엄청난 소모전으로 치닫고 말았다. 3년이 넘게 진행된 전쟁은 1917년에 미국이 연합군에 합류, 1918년 11월 4일에 있었던 연합군의 대규모 공격에 궤멸에 가까운 패전을 한 오스트리아가 먼저 항복하고, 11월 11일에 독일까지 항복하면서 휴전 협정이 이루어진다. 이로 인해 오스트리아 대제국은 역사의 막 아래로 사라진다.

그러나 실지로 프로이트에게 가장 충격을 준 것은 이러한 전쟁으로 인한 대제국의 쇠락과는 거리가 먼 것이었다. 무엇이 그들을 가장 큰 충격으로 몰아넣었을까?

프로이트의 환멸, 전쟁이 깨버린 환상

프로이트가 그의 논문인 「전쟁과 죽음에 대한 고찰」에서 다루는 두 가지 중요한 주제는 첫째로 환멸(disillusionment)이 었고, 이어 두 번째로 죽음에 대한 그의 태도변화에 관한 것이 었다. 먼저 우리는 그가 가진 환멸이 정확하게 무엇에 대한 환 멸인가를 물어야 하는데, 이는 후에 그의 종교비판과도 밀접 한 연관이 있기 때문이다. 즉 전쟁이 가져다 준 환멸은 그가 종교에 대해 가지게 된 환멸과 연결되어 있다는 뜻이다. 프로 이트가 종교를 비판했던 가장 큰 이유 중의 하나는 종교가 도 덕의 터전으로서 부적합하다고 본 그의 환멸과 상관이 있었 다. 또한 전쟁이 가져다 준 환멸은 세계대전 직후 프로이트가 의심하였던 문명인의 도덕성과 종교성에 대한 비판의식을 한 껏 고무시켰다.

먼저 프로이트는 전쟁 이전의 환상에 대해서 말한다. 즉 우 리가 가졌던 환상은 문명국가마다 도덕적 규범이 존재하고, 이는 모든 국가존립의 토대가 된다는 것이다. 우리는 이런 토 대가 평화 때나 전시나 크게 달라지지 않는다고 생각하였다. 이러한 문명국가에 사는 우리들은 규범적이고 도덕적이기 때 문에 어떠한 경우라도 외국인(foreigner)과 적(enemy)이 하나의 개념이 될 수는 없었다. 다시 말해 개인적으로나 국가적으로 는 적이 있을 수 있겠지만, 외국인이나 이방인이라고 해서 덮 어 넣고 모두 적이 되란 법은 없다는 말이다. 그러나 전쟁은 이런 우리의 상식을 뒤엎는, 당치도 않는 방정식을 생산하고 말았다. 내가 아닌 이방인은 언제든지 적으로 간주될 수 있다. 적대행위가 없어도 말이다.

아무리 전쟁 중이라도 비전투원들인 부녀자, 어린이, 의료 요원에 대한 배려는 기본덕목일 것이라고 생각했던 환상도 여지없이 무너지고 말았다. 다시 말해 공동문명 유지를 위한 국제적 사업과 제도가 전쟁 중일지라도 그대로 유지할 것이라고 여겨왔던 것이 '우리가 상상한 전쟁'이었지만, 이는 허무한 환상이었다고 통탄한다. 그는 이번 전쟁은 우리 모두에게 엄청난 환멸을 가지고 왔다고 힘주어 말한다. '부상자와 의료진의 특권이 무시되고, 민간인과 전투원을 구별하지 않는' 전쟁이 실로 그에게는 엄청난 충격이었다.

프로이트는 세계대전이야말로 문명인이 베일 뒤에 감쪽같이 숨겨왔던 놀라운 현상을 폭로시켜 주었다고 보았다. 전쟁으로 인해 이제 문명인은 더 이상 문명적이지 않다. 그야말로 '맛이 간 문명인들의 모습이 여실히 드러나게 되었다는 것이다. 우선 그에게는 '문명민족들이 증오심과 혐오감을 가지고 전쟁을 벌이는 서로에 대해 거의 알지도 못하고 이해하지도 못한다는 사실'이 놀랍기 그지없다. 적도 모르면서 동맹국이 참전하니 나도 참전한다는, '내 편이 아니면 모두 적'이라는 묘한 슬로건이 역사에 등장하는 순간이다.

또한 프로이트는 국가가 개인의 범죄를 금지한 이유에 대한 새로운 깨달음을 얻는다. 개인의 범죄를 금하는 국가의 규범이 나라의 범죄를 근절하고자 해서가 아니라, 오히려 국가가 담배를 독점하듯이 범죄를 독점하면서, '범죄는 국가만이 할 수 있는 것'이라는 암묵적 전제가 우리의 의식 아래에 숨겨져 있다. 전쟁 중에 나타나는 국가의 전략들을 보자. 예전에 북한과 극단적으로 대립하였던 시대에 우리는 북한이 우리와 '같은' 한 동포라는 '사실'과 함께, 북한은 우리와 지극히 '다른' 나라이고, 북한사람들을 빨간 뿔 달린 괴물처럼 표상하도록 또 하나의 '사실'을 반공교육의 기치 아래 강조한 적이 있었다. 나 역시 "나는 공산당이 싫어요."를 외치는 아이의 입을 찢는 무서운 북한 '괴뢰군'에 대한 이야기를 수없이 듣고 자랐다. 우리나라는 휴전선을 허리에 둔, 항상 전시에 있는 나라다. 남북한에서 이루어지는 수없는 비방과 거짓말이 당연시되는 문화 안에서 우리는 살아왔고 지금도 살고 있다. 나는 어렸을 때 소위 '삐라'라고 하여, 북한으로부터 날아든다는 남한을 비방하는 조그만 전단지를 거리에서 줍는 즉시 무조건 학교에 제출하도록 교육받았다. 심심치 않게 우리는 삐라를 주웠고, 애써 마을 뒷산에 들어가 찾아내기도 하였다. 마치 보물찾기를 하듯이 말이다. 삐라는 보물은 아니지만 꽤나 황당한 내용을 담고 있어 훔쳐 읽는 재미가 쏠쏠했다. 삐라를 들여다보고 있으면 온갖 거짓말 같은 비방이 씌어 있어 놀랍기도 하고, 이런 당치도 않은 이야기를 해대는 북한 공산당에 대한 이유 없는 적개심 또한 물씬 생겨났다. 휴전선 근처에서 이루어졌던 비방방송은 한때 대놓고 하는 거짓말경연대회를 듣는 것과 별

반 차이가 없었다.

프로이트는 전쟁 중에 발견되는 의식적인 거짓말을 날카롭게 지적한다. 전쟁 중에는 오히려 의도적인 속임수가 태연히 사용된다는 것이다. 전쟁 중에 교전국끼리 행하는 온갖 범죄와 폭력 등, 평화 시에 개인이 저질렀다면 큰일날 일들이 자행된다. 가장 비근한 예로 전쟁 중에 일어나는 성범죄를 들어 보자. 전쟁 중에는 용인되었던 강제적인 성상납인 '위안부'의 존재가 평화 시에는, 그리고 개인이 자행한 것이라면 천인공노할 일이라고 대서특필할 일이다. 그러나 전쟁 중에는, 그리고 국가 차원에서의 전쟁 전략의 일환이라면 "뭐, 그럴 수도 있겠지."하며 은근슬쩍 넘어가는 이유는 무엇인가?

프로이트는 전쟁 중 국가적 범죄행위에서 도덕적 관계가 느슨해지는 것이 개인의 도덕에 영향을 주고 있음을 지적하고 있다. 철학자 칸트가 말한 것처럼 양심은 우리 가슴 안에 반짝거리며 작동하는 대쪽같은 심판관이 아니라, 본질적으로 '사회적 불안(social anxiety)'에 불과하다고 보게 된 것이다. 그는 문명사회의 개인들이 가지고 있는 도덕이라는 것은 사회가 가지고 있는 처벌체계에 대한 불안으로 유지되어 온 것임이 전쟁 중에 여실히 증명된다고 보았다. 전쟁 중에는 우리 모두 은근슬쩍 좀도둑도 되고 강도도 된다. 전쟁 중 폭격 맞은 가게에 우르르 쳐들어가 나뒹구는 물건들을 머리에 이고 신나게 달려 나오는 모습을 심심찮게 보게 된다. 어디 그뿐인가? 이라크 포로를 상대로 짐승 대하듯 고문하며 서슴없이 잔학행위와 야만

적인 행위를 하는, 선량하게 생긴 미국 여자군인을 우리는 어떻게 이해해야 할까? 그녀는 원래 악녀인가?

프로이트는 성악설 신봉자였나?

한 개인이 높은 수준의 도덕성에 이르는 과정을 우리는 어떻게 상정하는가? 우리는 가끔 인간은 본디 선하다고 믿는 성선설과 악하게 태어난 본성을 강조하는 성악설 사이에서 논쟁을 벌이기도 한다. 인간의 폭력적인 본성이나 악한 구석을 강조하려는 프로이트를 우리는 당연히 성악설 신봉자로 치부할만하다. 특히 모든 인간은 하나님의 형상대로 창조됨을 믿는 기독교인들에게 프로이트의 부정적인 인간 이해는 눈살을 찌푸리게 만들기에 전혀 부족함이 없다. 아니, 정말 인간을 몰라도 너무 모르는 문외한으로 몰아칠지도 모를 일이다. 하지만 나는 프로이트에 대한 이러한 편견을 가지고 있는 사람이야말로 오히려 정신분석학에 입문조차 하지 않은 문외한으로 볼수밖에 없는, 무식하고 용감한 자라고 일축하고 싶다. 10년 이상 프로이트 및 이후 정신분석학자들의 문헌을 읽어 오는 동안, 나는 어떠한 정신분석학적 주장에서든 선과 악의 잣대를 가지고 인간의 모습을 매몰차게 포장하려는 시도를 한 번도 찾아낼 수 없었다. 오히려 정신분석학에서 주장하는 인간 이해에 있어서 분명한 주제는 '완전한 선도 완전한 악도 없다!'는 것이었다.

프로이트가 주장하고 싶었던 인간성의 가장 깊은 본질은 인간의 행동은 본능적 충동(instinctual impulses)으로 이루어진다는 사실이다. 이는 인간이 선한가 악한가의 문제보다, 무엇이 인간의 행동을 선하게 하는가의 문제다. 인간의 '선한' 행동은 '고상한' 동기에서 나온 것일 수도 있고, 그렇지 않을 수도 있다. 예를 들어 종교인의 예배가 '고상한' 동기냐, 불안공포에 의한 '강박적' 동기냐 하는 문제는 나 같은 신학자에게도 정말로 중요한 것이다. 그러나 비록 문명사회가 개인의 선한 행동을 요구한다 해도, 이런 행동의 본능적 바탕에 대해서는 전혀 개의치 않는다는 것을 프로이트는 지적하고 싶어 했다. 본능적 바탕에 대한 진지한 고려 없이 선한 행동만을 요구하고, 그 행동의 결과만을 가지고 문명인의 도덕이며 종교를 이야기한다는 것이 얼마나 우스운 일이었는지를 전쟁 하나가 여실히 보여주고 있다고 본 것이다. 전쟁이 일어나자 선한 행동을 일삼던 문명인이 괴한이나 치한으로 돌변하는 모습을 프로이트는 그냥 지나칠 수 없었다.

프로이트의 분명한 논점은 인간의 기본 욕구를 충족시키는 충동 자체는 선하지도 악하지도 않다는 점이다. 이를 이해하지 않고는 프로이트가 이후에 전개한 모든 주장의 논지를 이해하기 어렵다. 한 인간이 가족공동체나 사회의 욕구 및 요구와 어떤 관계를 갖느냐에 따라 그의 충동이 선과 악으로 발현되는 것이란 것을 프로이트는 수없이 강조하고 있다. 전쟁 이후에 프로이트의 눈에는 수많은 사람들이 자신의 본성에 따라

서가 아니라, 이기적인 목적을 위해서 문명사회에 복종하고 있다고 볼 수밖에 없었다. 그리하여 그는 다음과 같이 가슴 아픈 고백을 하기에 이른다. "세상에는 진정한 문명인보다 문화적 위선자가 더 많다."

프로이트가 이후에 전개한 인간심리의 역사는 결국 본능억제의 역사와 크게 다르지 않다. 그에 주장에 따르자면 '본능을 억제하기가 가장 어려운 성의 영역에서는 신경병이라는 극단적인 반동형성을 하게 된다고 본 것이다. 프로이트가 성에 대한 지나친 집착으로 인간을 성적인 동물로만 이해한 성악설 신봉자로만 보는 것은, 그가 그의 이론의 터를 잡아나가는 정황을 심각하게 간과한 오해처럼 보인다. 이것이 우리가 사는 전쟁의 시대에 맘 잡고 그를 다시 읽자고 권장하는 가장 큰 이유이다.

죽음 앞에선 인간들, 그들의 '살인의 추억'

웬일인지 프로이트의 전쟁에 대한 고찰은 죽음에 대한 우리의 태도와 자연스레 연결이 된다. 내가 미국에 살고 있을 때에 9·11 참사가 일어났다. 미국 뉴욕의 심장을 상징하는 쌍둥이 빌딩이 비행기 자살공격에 무너지는 장면을 다각도로 촬영하여 텔레비전 전파를 타고 미국 전역에 방영되었다. 직후 용광로보다 더 뜨거운 빌딩 안에서 죽어간 희생자들의 유가족들은 그 장면의 방영을 중지해줄 것을 간곡히 호소했다. 그들은 그 폭발장면을 다시 보는 것만으로도 자신의 숨을 조이는 고통을 느꼈을 것이고, 그 장면을 두고두고 보는 것 자체가 참사로 희생된 자신의 가족을 두 번 죽이는 것이라고 생각했을 것이다. 어느 정신의학자들은 먼 훗날에도 그 장면을 보면 그 참사를 다시 경험하듯이 숨이 가빠오기도 하고, 심하게는 기절 직전까지 가는 고통에 시달리는 등의 외상 후 스트레스 증후군(post-traumatic stress disorder)이라는 정신장애를 가지게 될 이들이 적지 않을 것이라는 예고를 하기도 했다. 그러나 사고 이후에도 사고현장을 담은 비디오테이프는 계속 접수되었고, 좀 더 사실적인 모습을 담은 사진과 동영상이 계속하여 언론과 방송에 소개되었다. 전쟁 중에도 역시 전쟁포로, 혹은 무고한 민간인을 참수하는 장면을 아무리 통제하려 하여도 수많은 사람들은 각종 웹사이트를 통하여 보고 또 본다. 대형 사고현장이나 살인현장을 들여다보는 이들의 마음에는 어떠한 심리가 도사리고 있을까?

기독교교리에서 '신의 아들'이 원죄에서 인류를 구원하기 위해 목숨을 바쳐야 했다면, 탈리온의 법칙(동일보복, 처벌의 법칙)에 따라 그 원죄도 '살인'이었을 것임에 분명하다고 프로이트는 주장한다. 인류 최초의 범죄는 '아버지 살해'였을 것이라는 가슴 철렁한 시나리오를 제시하면서 말이다. 프로이트는 기억 속에 남아 있는 살해한 조상의 이미지가 나중에 이상화하여 신으로 변모하여 종교를 만든다고 보았던 것이다.

과연 프로이트는 황당한 상상력을 가진 악동이라고 고개를 절레절레 흔들 독자들이 많을 게다. 프로이트는 성서에 제시되어 있는 최초의 윤리적 계율인 '살인하지 말라'에 대한 일리 있는 해석을 소개한다. 인간의 심층을 탐험하는 심리학자로서 그는 '아무도 하고 싶지 않은 일을 강력하게 금지할 필요가 있겠는가?'라고 물으며, 강력한 금지는 강력한 충동이 있을 때 작용하는 법이라고 주장한다. 그의 주장은 심오하다 못해 차라리 유아적이다.

인류의 조상들의 피 속에 있는 '살인의 추억' 즉, 살인에 대한 욕망이 현대문명사회를 살고 있는 우리에게도 전해 내려온다고 그는 믿었다. 프로이트를 찾아온 부부에게서 그는 무의식에 가려진 살인의 추억을 읽어낸다. 남편은 "우리 두 사람 중의 하나가 죽으면, 나는 파리로 이사갈 거야."라고 점잖게 말했는데, 프로이트는 이때 남편의 무의식은 자신의 죽음을 상정하지 않는다는 것을 간파한다. 죽을 사람은 언제나 '내'가 아닌 '너'인 것이다. 전쟁 중에 방영되는 수많은 죽음에 대한 영상을 볼 때에도 무의식은 "너는 안 죽어. 죽을 사람은 너 자신이 아니라 '저들'이야."라고 이야기한다.

그렇다면 자해나 자살의 원인, 혹은 무의식 속에서 아버지를 미워하던 사람이 아버지의 죽음을 계기로 심한 우울증에 빠지거나 고통을 받게되는 것은 어떻게 이해해야 하는가? 프로이트는 '현실의 아버지를 향하던 증오심이 자기에게로 되돌아가 자신 내부의 아버지를 향하게 되기 때문'이라고 설명한다. 그가 후에 초자아 또는 양심이라고 명명하기도 하지만, 늘 우리 내부에는 부모의 상이 내재화되어 있다는 것이다.

프로이트는 바로 인간의 무의식의 집 속에 오랜 '살인의 추억'이 잠들어 있다고, 선사시대의 원시인이 바로 우리의 '무의식' 속에 변함없는 모습으로 존속하고 있다고 본 것이다.

사랑하는 이의 죽음, 두 느낌을 가진 사람들

사랑하는 이의 죽음을 목격하는 원시인의 양가감정의 법칙에 대한 프로이트의 견해는 그의 심리학 전체를 이해하는 것만큼 중요하다. 프로이트의 관점에서, 타인의 죽음 앞에서 '살인의 추억'을 가지는 무의식의 작용은 자신이 가장 사랑하는 이들의 죽음 앞이라 해도 결코 예외가 되지는 못한다. 슬픔만을 느낄 것 같지만, 사실 그 무의식의 바닥을 들추어 볼 때에는 또 다른 감정 하나가 고개를 쳐든다는 것이다. 프로이트는 사랑하는 사람의 죽음을 앞에 둔 이의 감정에 대해 "그들의 죽음은 한편으로는 그를 기쁘게 해주기도 했다. 사랑하는 이들은 어디까지나 타인이었기 때문이다."라고 기술하고 있다. 사실 프로이트의 이러한 주장은 가슴 섬뜩하고 기분 나쁘기 그지없다. 해도 너무하지 않은가? 사랑하는 이들의 죽음에 딴 마음을 품다니, 게다가 기쁘기까지 하다고? 나 역시 이 대목에서는 한동안 쌍심지를 켜고 있었다. 그런데 그 후 장례를 수없이 치르는 목회자가 되고 나서, 그리고 사랑하는 나의 아버지를 잃는 경험을 하고 나서 억지라고만 여겼던 프로이트의 도

발적인 주장들이 새롭게 내 가슴에 파고들고 있었다.

나는 만 29세에 미국 감리교의 목사가 되었고 30세에 아담한 미국인교회의 담임목사가 되었다. 내가 부임한 교회는 미국 북동부, 아니 최북단의 동쪽 끝에 있는 메인(Maine)이라는 주의 작은 백인마을에 위치하고 있었다. 미국 시골마을의 교회는 마을 전체의 중요한 센터로서의 기능을 가지게 된다. 가난한 사람들을 위한 음식과 옷을 나누어주기도 했고, 제법 근사한 빅토리아풍의 교회건물 덕에 꽤 많은 이들이 교회를 결혼식장이나 장례식장으로 이용하고 싶어 했다. 꼭 교인이 아니라고 하더라도, 마을사람이 사망하면 내가 장례의례를 맡기가 일쑤였다. 마을의 장의사가 우리 교회의 교인이었고, 당연히 교회 앞 마을묘지에 묻히기 원하는 마을사람들에게는 그 교회 담임목사가 장례를 진행하는 것이 자연스러운 일이었던 것 같다. 나는 3년 동안 자그마치 50회가량의 장례를 치렀다. 직업으로 장의사업을 하시는 분들을 제외한다면, 그 젊은 나이에 나만큼 죽음을 목전에서 목도하고 수많은 유가족을 만나는 경험을 가지기도 쉽지 않을 것이다.

나는 장례를 인도하면서 늘 다양한 인생과 죽음을 간접적으로 경험하였는데, 어느 장례식장에서든 두 가지 공통적인 감정적 반응이 동시에 드러난다는 것을 발견했다. 그것은 애도와 안심(grief and relief)이었다. 애도는 죽음을 슬퍼하는 것이므로 이는 말할 나위도 없이 일반적인 반응이다. 이와 더불어 대부분의 유가족에게서 뚜렷이 드러나는 감정은 '이제, 고통

없는 곳에 가셨으니 얼마나 다행인가?'로 요약될 수 있는 안도감이다. 사실 장례설교에서 목사가 "아무런 근심도 고통도 없는 천국으로 가셨으니, 안심하라."라고 선포하는 것도 이러한 안도감에 힘을 실어준다.

프로이트는 아마도 이 시점에서 이 안도감의 배후에는 무엇이 있을까를 물을지도 모른다. 혹시 그 안도감은 유가족의 또 다른 감정을 감추기 위한 방패가 아닌가? 아니면 또 다른 감정을 스스로 괴로워하는 죄책감을 방어하는 감정은 아닌가? 나는 나의 선친의 갑작스런 죽음을 앞두고 처음으로 이러한 질문들에 대해 진지하게 고민하기 시작하였다. 한국에서 중풍으로 쓰러져 회복중이시던 아버지를 미국으로 모시고 왔는데, 그 후 3주 만에 갑작스레 돌아가신 것이다. 나는 사랑하는 선친이 죽어가는 순간 엄청난 공포에 휩싸였다. 내가 나보다 더 사랑한 아버지의 모습보다, 병마에 지쳐 예전과 달라진 아버지의 모습을 원망하였던 나의 모습이 나의 숨을 거칠게 졸라왔다. 게다가 내가 병든 아버지를 이국땅까지 모시고 와서 죽였다는 생각에 삶을 지탱하는 중심을 잃고 쓰러질 것만 같았는데, 그 찰나에 나를 붙들어준 것은 사람들로부터 들은 '안도감'이었다. 얼마나 다행인가? 결국 아들의 품에서 돌아가셨고, 이제 천국에서 멀쩡한 두 다리로 훨훨 날아다니시리라. 그리고 이제는 천국에서 영원히 죽지 않는 영혼이 되시리라.

내 아버지의 죽음은 내 자신 역시 사랑하는 사람에 대해서는 분열된 감정, 즉 상반된 양가감정을 품고 죄책감을 가지게 되고, 이후 죄책감 극복을 위하여 죽음에 대한 안도감, 영혼불 멸에 대한 믿음이 뒤따른다는 것을 여실히 보여 주었다. 나중에 프로이트의 공식이 나의 경우를 보고 만들어진 듯한 착각이 들 정도로.

프로이트는 심리학이 '이 양가감정의 갈등에서 태어난 첫 자식'이라고 간결하게 정의했다. 그에게 심리학은 인간의 정신세계와 영혼을 다루는 학문이다. 물론 여기에서 인간의 영혼이란 기독교에서 논하는 영혼과는 다른 것이다. 프로이트에게 있어서 영혼은 '인간이 가지고 있는 무의식의 산물'이다. 프로이트는 인류학적으로 세계도처에서 공통적으로 영혼불멸 사상이 발견되는 이유를 심각하게 묻는다. 예를 들어, 어떻게 한국 사람들과 남미의 한 부족의 사람들이 똑같이 인간은 죽으면 영혼이 되고, 그 영혼은 무섭고 산 사람들을 해칠 수도 있으며, 영혼은 불멸하다는 믿음을 공유할 수 있는가 등을 말이다. 선사 이전부터 세계도처에서 사람들이 모여 이런 생각을 공유하기 위한 학회라도 했단 말인가? 요즘처럼 인터넷이나 온라인으로 정보를 주고받을 수도 없었을 텐데 말이다. 참으로 미스터리에 가까운 인류학적 공통분모를 프로이트는 그의 무의식의 심리학으로 풀어낸다. 인간의 공통적인 무의식의 작용이 우리가 지역적으로는 상이한 곳에 살고, 다른 시대에 살아도 오래전에 유사한 심리구조에 의하여 거의 동일한 사상적 구조를 가지게 되었다는 것, 다시 말해 영혼불멸의 사상은 결국 동일한 심리적 구조에 의한 심리인류학적인 현상이라는 것이다.

　타인의 죽음 앞에서 '나도 이렇게 죽는 것 아닌가? 하지만 나는 나의 죽음을 인정하기 싫다.'라고 무의식은 속삭인다. 그리하여 무의식은 자신도 죽을 수 있다는 사실을 인정하되, 죽음에서 소멸의 의미를 배제한 기발한 묘안을 제시한다. 첫 번째가 사랑하는 사람의 시신 옆에서 영혼을 만들어 내는 것이었다. 그러나 사랑하는 이의 죽음에서 만족감을 느낀 것에 대한 죄책감에 시달리게 된 인간은 두 번째로 새로 태어난 영혼을 무시무시한 악마로 만들기에 이른다. 그러면서 죄책감이 어느 정도 해결되는 역할을 하는 것이다. 다시 말해 악마니까 그의 죽음에 대해 내가 느낀 만족감도 어느 정도 탕감 받는다. 마지막으로 결국 사랑하는 이의 죽음 앞에서 인간은 죽은 자에 대한 추억으로 인해 '죽은 뒤에도 죽은 자의 삶은 계속된다'는, 영혼의 불멸성 개념을 상정하게 된다는 것이다.

　프로이트가 주장하는 영혼의 심리적 기원에 대하여 신학적으로 동의하지 않는 신학자들이나 종교인들을 만나기는 어렵지 않다. 그러나 동의할 수 없다 해도 영혼에 대한 신학적 '내용'보다 영혼이라는 현상의 심리적 '과정'에 초점을 맞춘 연구를 통해 그가 제시하는 과정에 대한 논고까지 싸잡아 무시하지 말기를 바란다. 오히려 나는 우리가 그의 전쟁과 죽음을 통한 무의식에 대한 단상을 이 시대에 다시 읽을 필요가 있다고 믿기 때문이다.

　전쟁과 죽음에 관한 프로이트의 결론적 고찰은 간단히 말해 '전쟁은 우리가 나중에 얻어 입은 문명의 옷을 발가벗기고, 우리 모두의 마음속에 숨어 있는 원시인을 노출시킨다'는 것이다. 프로이트가 경험한, 아니 우리 모두가 21세기에도 계속 경험하고 있는 전쟁은 '자신의 죽음을 믿지 말라'고 가르친다. 다른 사람이 죽는 것이지 너는 죽지 않는다고 강조함과 동시에, 나와 다른 모든 타인을 적으로 간주하는 것이 크게 어려운 일이 아니라는 것도 강조한다. 다시 말해 낯선 사람을 적으로 낙인찍고, 적을 죽이거나 그의 죽음을 소망해야 한다. 그것이 전쟁이다. 여기에 프로이트는 한술 더 뜬다. 전쟁은 사랑하는 사람의 죽음을 무시하라고 가르친다는 것이다.

프로이트가 실지로는 전쟁반대론자였고 평화주의자였는지를 쉽게 판명할 수는 없지만, 어쨌든 그는 전쟁이 계속될 것이라고 예언하였다. 또한 프로이트는 다음과 같이 결론 같은 의문을 던지며 전쟁에 대한 자신의 새로운 견해를 소개한다. "죽음에 대한 문명적 태도가 심리학적으로 우리의 분수에 맞지 않게 되었다고 솔직히 고백해야 하지 않을까? 우리는 지금까지 죽음에 대한 무의식적 태도를 그토록 조심스럽게 억눌러 왔지만, 이제는 그 태도를 좀더 겉으로 드러내는 게 낫지 않을까?" 도대체 왜 죽음 배후에 있는 인간의 무의식을 심리학적으로 조명하는 것이 지금 전쟁의 시대를 사는 우리에게 더 낫다는 말인가?

프로이트의 관점은 단순하고 명확하다. 첫째로 이것이 진실을 좀더 많이 고려하는 이점이 있다는 것이다. '내용적 사실'

에 묻혀 있는 '과정적 사실'에 빛을 던지는 것이 오히려 인간의 전체 그림을 그리는 데 훨씬 큰 자유를 준다는 말이다. 예를 들어 원죄라는 신학적 내용을 믿는 종교인들에게는 원죄가 '살인죄'라는 것이 어불성설처럼 들릴 것이다. 그러나 원죄를 살인죄로 보는 인간의 죽음에 대한 심리적 태도에 대한 무의식의 과정을 탐험하는 일은 종교인의 죄의식과 본능을 이해하는 데 있어 훨씬 폭넓은 밑그림을 제공해준다.

또한 프로이트 자신은 그의 무의식에 대한 연구가 삶을 좀 더 견딜 만한 것으로 만들어 준다는 이점이 있다고 평가하고 있다는 점에 유의할 필요가 있다. 그의 심리학 이론은, 인간의 심리를 늘 묶여있는 그 무엇으로부터 자유롭게 놓아주려 한다는 구조적 특징을 가지고 있다. 그의 이론이 문명비판적이기만 하고, 다분히 해체주의적이기까지 하다는 견해는 그가 추구한 연구의 목적과 일치하지 않는다. 그는 오히려 조여진 삶의 숨통을 틔우는 일에 관심을 두는 인간주의자였다. 종교가 없어야 인간은 자유롭다는 것이 아닌 "환상이 삶을 견디기 어렵게 한다면 그 환상은 가치가 없어진다."라는 그의 주장은, 목을 조르는 종교는 인간의 자유를 위해 사라져야 한다는 것을 의미하는 것이다. 그가 종교를 거부한 이러한 이유에서 나는 그를 '하나님을 죽인' 이단자로 보기보다는 오히려 인간의 자기파괴적인 '종교성을 죽인' 신학자로 보기 시작한다.

인류여, 종교를 떠나라! 그 이유는?

프로이트가 종교에 대한 비판의 날을 가장 날카롭게 세운 저서 중의 하나는 「환상의 미래 The Future of Illusion」이다. 이 책에서 프로이트는 아버지에 대한 아이의 이중성을 이야기하고 있다. 즉 아이는 아버지를 동경하고 존경하는 만큼 아버지를 두려워한다는 것이다. 프로이트의 관점으로는 이러한 이중적 태도가 모든 종교에 깊이 각인되어 있다고 보았다.

그러므로 프로이트에게 종교적 관념은 간단히 말해 하나의 환상이다. 누차 강조하건대 이는 신학적이거나 철학적 관점이 아닌, 정신적 기원을 연구하는 심리학적 속성을 지시하는 정의라고 보는 것이 타당하다. 다시 말해 종교를 인류의 가장 오래되고 강력하고 절박한 원망(願望, wish)의 실현이라고 보는 관점이라는 것이다. 여기에는 유아기의 무력감 때문에 개인은 아버지의 사랑과 보호를 받고 싶은 욕구를 지속적으로 가지지만, 결국 그 무력감이 평생 지속되면서 훨씬 강력한 아버지를 필요로 하게 될 것이라는 심리학적 상상력이 전제되어 있다.

'종교는 환상이다'라는 정의는 많은 신학자들이나 종교인들에게 몰매 맞을 만한 정의다. 그것은 곧 '종교는 없는 것이요, 잘못된 것'이라는 개념으로 받아들여지기 때문일 것이다. 하지만 그러한 개념들이 '종교가 환상'이라고 한 프로이트의 개념과 꼭 들어맞는 이해는 아니다. 프로이트는 그가 정의한 환상이 오류(error)와는 다르다고 강조한다. 그는 종교가 어떤

가가 잘못되어 있다고 말한 바 없다. 오류는 인간의 원망(wish)과는 무관한 개념인 반면, 프로이트가 제시하는 환상이라는 개념은 반드시 인간의 간절한 원망에서 유래된 심리적 구조와 관련이 있다. 또한 프로이트가 제시하는 환상은 망상(delusion)과도 상이한 개념이다. 종교가 그저 꿈꾸는 것이지, 실재하지 않는 것이라고 프로이트는 결코 말한 바 없다. 망상은 현실과 모순되는 생각이요, 실현 불가능한 실재를 의미한다. 그 자신조차도 종교적 믿음을 환상이냐, 망상이냐로 보는가는 개인적 견해이지 결코 객관적으로 결론지을 일이 아니라고 말한다.

그렇다면 프로이트가 환상이라고 본 종교는 무엇인가? 종교적 교리를 떠나 과정적인 측면에서 종교는 인간의 원망을 동반한 환상이라고 그는 주장했던 것이다. 프로이트는 결코 어느 종교 하나를 이단시한 적도, 그 내용의 허구성을 주장한 적도 없다는 점을 직시하는 것이 그의 종교관에 한층 다가갈 수 있는 첫걸음이다.

프로이트는 「환상의 미래」에서 종교의 운명을 어린아이의 신경증 극복사례에 비견하여 설명하고 있다. 그는 오랜 임상 경험을 통하여 어린아이가 꼭 유아기를 통하여 신경증 단계를 거친다는 사실을 발견한다. 유아기에 아이들은 본능적 욕구와 억압을 동시에 경험하기 마련이다. 자신의 욕구를 억압하고 행동하는 법을 배우고, 그 배후에 불안을 불러일으키는 무의식적 동기를 가지게 된다. 이후 지성의 합리적 작용에 의하여 무의식적 불안을 일으키는 부모의 이미지에서 선과 악을 분리하며 불안의 기원을 인식한다. 건강한 아이는 부모가 전적으로 억압적인 악마의 모습도, 혹은 모든 것을 용서하는 천사의 모습도 아니라는 점을 분별할 수 있는 능력을 가진다. 어릴 적에는 부모에게 혼날까봐 했던 어린아이의 행동들이 나이가 들어가면서는 불안 때문이 아닌, 보다 성숙한 동기들을 가진 행동들로 변하게 된다. 이러한 유아신경증은 정신분석적인 치료가 필요한 일부분의 경우를 제외하고는 대부분 성장과정에서 저절로 극복된다는 것이 그의 주장이다. 프로이트는 이러한 유아의 성장과정에서 신경증의 불가피한 운명처럼 인류가 종교를 떠나는 것도 필연적이라고 본 것이다. 그는 다음과 같이 천명한다. 지금이 바로 인류가 종교를 버려야 할 그 발달단계라고.

프로이트는 본능을 다스릴 수 있는 유일한 수단은 종교가 아닌, 오직 지성(intellect)뿐이라는 대안을 제시한다. 한 개인의 신경증에 온 열정을 바쳐 온 프로이트가 진단한 인류의 상태는 다음과 같다. "지성이 본능보다 우위를 차지하는 날은 머나먼 미래일 게 분명하지만 끝없이 먼 미래는 아닐 것이다. 지성은 인간이 서로 사랑하고 삶의 고통이 줄어드는 것을 목표로 설정할 것이다." 이것은 프로이트가 가진 그의 윤리관과 종교적 관심을 극명하게 드러내는 대목이다. 그는 도덕과 종교를 깡그리 철폐하고자 하는 인간 말종도 아니요, 비윤리적이고 무책임한 학자도 아니었다. 그 역시, 어느 종교학자나 신학자 못지않게 '인간이 서로 사랑하고 삶의 고통이 줄어드는 것을 목표'로 학문의 방향키를 잡고 있었던 사람이었다.

그는 종교인들에게 자신이 세운 윤리적, 그리고 종교적 목표를 향한 행동지침을 다음과 같이 조언한다. "그 먼 목표를 향해 가는 도중에 당신의 종교적 교리는 버림받을 운명이다." 종교인들에게 종교적 환상을 버리고 프로이트의 환상을 가지라고 주장하는 것이다. 프로이트의 환상은 무엇인가? 종교는 유아적 원망이므로, 좀 더 성숙한 원망을 가진 그 무엇이 필요하다는 것이다. 프로이트의 결론은 종교가 아닌 과학적 사고였다. 그는 너무나도 자신 있게 말한다. "우리의 과학은 결코 환상이 아니다. 그러나 과학이 우리에게 줄 수 없는 것을 다른 데서 얻을 수 있으리라고 생각하는 것은 환상이다."

여기에서 종교를 대치한 과학이 가져다준 인류의 발달단계에 대해서 논하는 것은 엄청나게 지대한 논의가 필요할 것이다. 따라서 나는 과학으로 대치하려고 한 프로이트의 종교 이해에만 초점을 두고 싶다. 과연 프로이트가 버리라고 한 것은 종교 그 자체인가? 나는 그의 방대한 저술의 흐름 가운데서 그가 인류에게 떠나라고 종용한 것은 종교 그 자체가 아니며, 유아적 원망으로서의 종교적 속성이 그가 대치하고픈 바로 그 것이라고 주장하고 싶다. 종교학자나 신학자가 관심을 갖는 개별종교 자체가 지닌 역사와 신학의 내용적 측면에 대해서 프로이트는 조금도 관심이 없었음을 강조하고 싶다. 프로이트에게 있어 유아기적 원망 형태의 종교성은 하나의 환상일 수밖에 없고, 이것으로는 서로 사랑하거나, 삶의 평안을 이룰 수 없다고 본 그는 "인류여, 종교를 떠나라! 지금이 그 때니라."라며 사뭇 예언자 같은 선포를 하고 있는 것이다.

나는 왜 이 시대에 프로이트의 종교비판으로부터 엉뚱하게 신학적 메시지를 캐내야 한다고 주장하는가? 우리가 사는 21세기 전쟁의 시대에 종교적 신앙형태가 어떻게 '유아적 원망' 형태를 벗어나느냐가 우리의 지속적인 과제라고 믿기 때문이다. 오히려 프로이트의 시대보다 더 극심하게 유아적이고 폭력적인 원망으로 전쟁의 신을 만들어 내는 종교인들이 인류 역사를 거꾸로 되돌리는 위험한 주역들이 될 수 있다. 이것이 바로 프로이트가 버려야 할 것으로 본 종교의 퇴행적 기능 그 자체이다. 프로이트가 그토록 죽이고자 했던 그 병리적인 종교성은 아직도 우리에게 남아 있다.

프로이트가 남긴 신학적 유산 :
두 얼굴의 하나님

프로이트가 유대인이란 사실은 왠지 이상하다. 유대인들에게 가장 중요한 것은 종교의 대물림이기 때문이다. 태어나자마자 식사 때마다 기도하는 법을 배우고, 선조가 남긴 삶의 지혜에 대한 말씀을 듣는 것이 생활화된다. 그들에게 탈무드와 히브리성서는 그러한 종교적 진리를 담은 경전이다. 그런 의미에서 유대인의 가정에서 자란 아이들의 신앙의 객관적인 내용은 무척이나 동일한 것처럼 보인다. 특히나 정통 유대인가정에서 자란 아이들의 보수적인 종교적 신앙은 틀에 맞춘 듯한 통일적인 모습으로 늘 세인들의 관심을 끈다.

우리는 이러한 유대인의 통일적인 신앙이 가능한 것은 그들이 오랜 세월 동안 지켜 온 전통과 교육 덕분이라고 믿는다.

유대교의 고유한 전통과 신앙교육이라는 외부적 환경이 아이들의 종교적 신앙을 만들어낸다고 보는 것이다. 그러나 과연 한 개인이 종교적 신앙을 가지게 되는 과정에 있어서 전통과 교육의 힘이 가장 원초적인 동인일까?

유대인 아이들은 가정과 학교에서뿐만 아니라 회당에서도 다양한 정보와 지식을 축적한다. 학교에 다니는 대부분의 아이들의 머리 속에는 가정과 회당에서 배우는 하나님에 대한 지식이 만만치 않게 들어있을 것이다. 그들이 가지고 있는 유대교신앙이란 무엇인가? 무엇보다 한 아이가 부모, 회당의 선생님들, 그리고 다른 유대인 친구들에게 인정받고 평가받는 신앙이란 그가 외우고 믿는 하나님에 대한 객관적 내용이다. 이런 의미에서 종교적 신앙이란 절대자를 알아가고 그 사실을 믿는 일이라 하겠다. 그러나 유대인 아이들이 이러한 종교적 '내용'을 알아가고 믿는 최초의 행위를 가능하게 하는 원초적인 동인은 결코 외부적인 것이 아니다. 내면의 세계에서 절대자를 알아가는 '과정'이 가지는, 보다 심층적인 단계가 있기 때문이다.

아는 것은 무언가를 충족시키는 것

무엇인가를 알아가는 과정은 신비한 일이다. 모르던 수학공식을 배워서 그 공식에 대입시켜 답안을 맞추는 일은 아이들에게 신나는 일이다. 유대인 아이가 회당에서 처음으로 십계

명을 암송하거나, 혹은 기독교인 아이가 처음으로 주기도문을 외워서 형이나 오빠들처럼 암송할 수 있게 되는 일도 아이들에게는 멋진 일이다. 찬송가 맨 앞장에 있는 주기도문을 띄엄띄엄 보고 읽는 또래의 친구들을 쳐다보고 있노라면 더더욱 가슴 뿌듯하다. 엄마는 늘 내가 아닌 동생만 좋아하신다는 생각으로 속상해 하던 아이가 어느 날 엄마의 육아일기에 씌어 있는 자신에 대한 이야기를 읽고 엄마의 속 깊은 사랑을 알게 될 때, 아이에게 이제는 엄마는 남의 엄마가 아니라 내 엄마처럼 느껴져 엄마를 예전보다 오래 껴안을 수 있게 된다. 이처럼 한 인간이 무엇인가를 알아가는 것은 그 내면의 욕구와 긴밀하게 연결되어 있다.

정신분석학적 관점에서는 모든 인식의 행위는 근본적으로 역동적(dynamic)이라 한다. 여기서 '역동적'이란 말은 다이내믹하고 신나는 일이라는 내용적인 의미보다는 '과정적 구조'를 의미하는 정신분석적 전문용어로 쓰이는 단어이다. 정신분석학에서 '역동적'인 구조란 하나의 인간적인 욕구를 충족시키려는 인간내면의 무의식적 시도를 일컫는다. 다시 말해 모든 인식과정은 인간의 내면적 욕구를 충족시키려는 시도라는 것이다. 아이가 공식 하나를 익히고 한 단어의 의미를 알아가는 과정을 예로 든다면, 이 과정 역시 그 아이만의 내면적인 욕구 하나를 충족시키려는 시도로 이해할 수 있다. 예를 든다면 "내가 이 단어의 뜻을 알아야겠다."는 단순한 욕구에서부터 "내가 이것을 알아야 숙제가 끝난다." "그래야 혼나지 않는다" 혹은 "그래야 게임을 하거나 텔레비전을 볼 수 있다." "그래야 선생님께, 혹은 부모님께 칭찬을 받겠지." 등 이루 헤아릴 수 없이 많을 것이다.

정신분석학은 신을 알아가는 종교적 신앙의 과정에 있어서도 인간의 다양한 욕구들, 예를 들어 종교를 통해 불안을 해소한다거나 심적인 평안을 추구하는 것, 아니면 죄책감을 해결하려는 시도 등의 다양한 인간적 욕구들을 충족시키려는 시도와 연관성이 있다는 점을 일깨워 주고 있다. 물론 모든 종교적 신앙의 인식행위 배후에 있는 인간 욕구를 속속들이 아는 것이 결코 용이하지는 않을 것이다. 그러나 이제 정신분석학의 도움으로 개인적 욕구를 충족시키려는 무의식적 시도를 헤쳐봄으로써 다양한 개인적 신앙의 밑그림을 분명히 볼 수 있는 이점이 생긴 것이다.

주관과 객관 사이에 선 신앙

미국 시카고대학에서 평생 가르치다 은퇴한 실천신학자이자 종교심리학자인 단 브라우닝(Don Browning)은 프로이트의 정신역동을 종교적 신앙에 긍정적으로 연결시킬 수 있다고 믿었다. 모든 인식과정(process of knowing)은 역동적, 즉 인간적 욕구를 충족시키려는 시도라는 정신분석학적인 설명이 하나님을 알아가는 과정에서도 상당히 들어맞는다는 발견법적(heuristic)인 논리라는 말이다. 혹자는 물을 것이다. 하나님을 알아가는 과정으로서의 신앙이 역동적이라는 구조적 사실이 신앙의 이해에 어떤 도움이 된다는 말인가?

결국 하나님을 알아가는 과정이 인간의 다양한 욕구(예를 들어 불안 해소, 평안 추구, 죄책감 일소 등)를 충족하려는 시도와 연관성이 있다는 것은 신앙의 구조를 이해하는 전제조건에 지나지 않는다. 갈등을 해결하려는 종교인의 다양한 욕구는 상이한 신앙의 내면적 구조를 만들어 낸다. 개인마다 내면의 욕구나 필요, 혹은 갈등을 보는 관점이 다르고 갈등을 정의하는 방식 또한 다르기 때문에 내가 정의하는 갈등이 타인에게는 갈등이 아닐 수도 있다. 그러므로 누구나 내면의 갈등이나 욕구를 충족시키고 해결하려고 하는 경험에 대한 하나의 가설을 세우게 된다. 종교인들이 자신만의 가설을 세우는 과정이 하나님의 인식과정에 있어 필수적인 두 번째 과정이다.

예를 들어 한 기독교인의 마음 안에 타인에 대한 원망이나 미움이 생겼다고 하자. 이를 그는 하나님을 따르는 신앙인으로서 자신이 피해야 할 죄악이라고 여기고 '성서는 이웃을 사랑하라 하지 않았던가?'라는 생각에 해결책을 강구한다. 그리하여 '그래, 오늘부터 새벽기도회에 참석하자.' 혹은 '명상을 집중적으로 하면서 해결하자.'는 하나의 가설을 세운다는 것이다. 이와 같이 한 기독교인의 신앙수련의 과정은 개인의 욕구충족이나 갈등해결의 가설을 스스로 세우는 과정을 내포하게 된다.

브라우닝은 '신념(belief)'에 대해 "하나의 신념은 우리가 의

지하도록 배워 온 하나의 가설"이라고 새롭게 해석하면서 신앙의 구조를 설명한다. 예를 들어 어느 개인이 '노력하면 안되는 게 없다.'는 신념을 가지고 있다면, 이 신념이 작용하는 시기는 그가 어떠한 절망 가운데 있을 때일 것이고, 그는 그 때이 가설을 의지하여 문제나 갈등을 해결하려고 한다는 것이다. 누군가가 굳은 신념을 가지고 있다고 한다면, 그리고 많은 사람들이 공통적으로 굳건하게 믿는 신념이 존재한다면 그것은 무엇을 의미하는가? 굳은 신념이란 세상에 존재하는 수많은 가설 중 한 개인에게, 혹은 여러 사람들에게 아주 의미 있고 합리적으로 뿌리 내려져 있는 것을 의미한다. '사필귀정'이라는 신념이 존재한다는 것은 못된 사람이 술수를 써서 잘 먹고 잘 살 수도 있다는 가설보다 훨씬 의미 있고, 합리적으로 믿어지고 있다는 말이 된다. 사필귀정이라는 신념이 강화되기 위해서는, 부정한 방법도 끝까지 살아남을 수 있다는 반대의 가설보다 더 실제적이라는 것이 현실에서 확인되어야 한다. 그러므로 갈등(conflict), 가설(hypothesis), 그리고 현실적용(testing)은 인식과정의 세 가지 필수요건이라 하겠다.

또한 신념은 늘 변화와 함께 세밀해지는 법이다. 인간발달상의 문제가 고도로 첨예해지고 갈등이 점점 심화되어가기 때문에, 그것들을 해결하기 위하여 실제에 접근한 가설들은 새로이 만들어지고, 또 좀더 정교해지는 과정을 거친다. 브라우닝은 자신이 세운 가설의 체계들에 대한 타당성이나 유용성에 자신이 없으면 없을수록 점점 교리적 또는 맹목적으로 현실을 신념체계에 억지로 끼어 맞추려고 애를 쓰게 된다는 점을 의미 있게 지적한다. 지나치게 강조하는 믿음의 '내용'이 있다면, 사실 그 내용이 현실에 적용되는 '과정'에 대한 의심과 부적절성에 대한 반증을 드러내는 셈이 된다. 18세기에도 의심받던 교리를 이제 21세기인 지금에도 도시락 싸들고 다니면서 억지로 남들의 머리에 구겨 넣으려는 종교인들은 사실 그들 자신도 모르게 무의식의 심층에 깔려 있는 자신마저 고개를 내흔들 정도로 그 가설에 자신이 없음과 믿음 또한 없다는 것을 만천하에 공개하는 꼴이 된다.

한편 종교적 믿음의 내용과는 상관없이 종교적 믿음형성의 과정 중 현실적용의 단계에서는 개인의 편차가 존재한다. 예수가 인류를 위해 십자가에 달려 돌아가셨다는 십자가 신앙이 어떻게 개인마다 다양한 반응과 경험을 갖게 하는가? 예를 들어 어렸을 때 아버지로부터 혹독한 매를 맞고 자란 신앙인이 있다면, 그에게는 십자가 사건이 어쩌면 하나님이 아들을 희생하여 인류를 구원했다는 사랑의 아버지 경험이 아닌, 하나님 아버지가 마치 자신의 아버지처럼 그 아들 예수를 벌하시고 죽이기까지 하시는 무서운 이미지로 경험될 수도 있는 일이다. 여기서 이 사람이 가지는 하나님의 표상은 객관적 종교사실과는 거리가 먼 이미지이지만, 한 개인의 하나님 인식과정에서 중요하게 다루어야 할 주관적인 종교 사실인 것이다.

그렇다면 신앙은 전적으로 주관적(subjective)이냐 또는 전적으로 객관적(objective)이냐 하는 문제가 대두된다. 정신분석학적으로 본다면, 하나님의 인식과정으로서의 신앙이 그저 내면적 자기 갈등해결의 방식인가? 아니면 신학적인 측면에서 객관적인 종교적 사건이나 대상에 대한 태도와 그에 따른 의지적 방식인가? 어느 하나를 택하도록 한다면 신앙은 어떠한 방향으로 갈 것인가? 아니면 두 가지 방식을 모두 수용하는 제3의 방식이 있을 수도 있을까?

이러한 주관적 축과 객관적 축이 신앙의 구조에 있어서 모두 절실하게 중요하다고 나는 굳게 믿는다. 그렇다면 이 두 축이 어떻게 연결되고 상관관계를 가질 수 있을까?

주관적 축은 개인의 '의미 있는 타자(significant other)'와의 관계 속에서 객관의 축과 연결된다. 개인에게 가장 먼저 등장하는 '의미 있는 타자'로는 부모나 친구, 혹은 선생님들을 들 수 있겠지만, 의미 있는 타자는 굳이 한 개인만을 의미하지는 않는다. 참고집단(reference group), 즉 내가 속한 가족 공동체, 내가 속한 교회 공동체, 혹은 교단 및 종교 등도 또한 중요한 타자다. 객관적 신앙이란 참고집단이 제공하는 핵심교리나 행동 및 의례를 집행하는 것처럼 보인다. 하지만 사실 신앙은 한 개인이 종교적 수행이나 경전연구 등을 통하여 자기 자신을 정의하는 방식을 제공하는 '참고(reference)'에 대한 지식을 포함하는 이상의 것이다. 한 종교인의 신앙에 있어서, 그 종교인의 의미 있는 타자가 종교인 자신을 받아들이고 수용하는 방식을 인식하는 것이 신앙의 중요한 요소이다. 내가 알라신을 위해 목숨을 바치는 신앙을 가질 수 있는 것은 진리를 제공하는 알라신의 '객관적'인 모습인 것처럼 보이지만, 사실은 그 알라신이 신앙인인 '자기 자신'을 어떻게 정의하는가, 다시 말해 신이 '나'를 어떻게 정의하는가의 문제가 중요하다. 그래야 나는 그의 '아들'로서, 그의 '택한 자'로서 죽음마저 불사하는 신앙을 가지게 된다는 것이다. 그러므로 이 때 한 종교인이 그간의 삶에서 관계를 맺어온 '의미 있는 타자'들과의 관계적 삶의 질이 신앙형성에 중요한 영향을 준다.

결국 신앙은 '자기 정체성(self-identity)'과도 연결되는 개념이 된다. 그러나 이 때 단순히 신앙을 개인의 내면적 주관성으로만 해석해서는 안 된다. 뿐만 아니라 이는 '신앙'에 대한 전통적인 스콜라철학적 정의, 즉 객관적 진리에 동의(assensus)하는 행위와도 다르다. 여기서 '자기 정체성'으로서 신앙은 주관적 자기이해와 하나의 실존적인 전체를 구성하는 객관적 사실을 통합시키는 이해를 도모한다. 이러한 총체적인 이해를 위해서는 개인의 주관적 세계에서 구성되는 심리적 표상의 중요성이 새롭게 부각된다. 유아기 초기에서부터 내가 어떻게 타인이라는 대상을 통하여 '자기'를 구성하고, '하나님'을 표상하는가에 관한 진지한 관심이 신앙에 대한 종합적인 이해에 필수적이라고 나는 생각한다. 이러한 주관적 축과 객관적 축이 모두 균형감을 가지고 작용할 때 우리는 주관적 축만을 붙잡고 종교의 이름으로 폭력적인 욕구를 전이하는 위험한 종교인들도, 또는 객관적 축에만 의지하여 목적성도 방향성도 상실한 무미건조한 종교인들과도 구별할 수 있을 것이다. 그때에야 종교인들은 비로소 중요한 두 축을 '묶어 내는(tie together)' 종교의 건강한 기능을 구현할 수 있을 것이다.

프로이트가 안내하는 신앙세계

신학을 공부하는 학생들에게 프로이트를 가르치는 일은 용이하지 않다. 무엇보다 편견의 강을 건너 프로이트에게로 건너가는 일도 어렵고, 신앙을 가르치기 위해 프로이트를 거쳐 가자고 하면 황당해 할 때도 많다. 프로이트를 거치지 않고도 신앙으로 갈 길은 무궁무진하다고 믿기 때문이리라. 혹 내 의도를 '종교를 비판한 프로이트를 우리의 공적으로 상정하고 함께 흠씬 두들겨 주자'는 것쯤으로 이해했다면 시간낭비하고 싶지 않은 학생들은 더더욱 많아질 것이다.

그렇다면 나는 이러한 질문을 던진다. 신앙인이 조금 더 깊은 신앙을 위한 하나의 가이드로서 프로이트를 받아들일 수 있는가? 이는 곧 그를 안내자로 삼고 신앙의 깊은 세계로 들어가자는, 좀더 적극적인 종교인들을 위한 프로이트 연구의 구애 작전이다. 사실 이 질문은 내가 아닌, 우리 시대의 대표적 프랑스 사상가로 손꼽히는 철학자 폴 리쾨르(Paul Ricoeur)가 제일 먼저 던진 것이다. 자신의 저서인 『프로이트와 철학 *Freud and Philosophy*』에서 그는 의미 있는 질문을 던진다. 대체 정신분석학이란 것이 종교적 신앙인들의 신앙을 순화(purify)시킬 수 있는가? 그의 대답은 그저 긍정적이다 못해 필연에 가깝다. 종교적 신앙인들은 프로이트와의 대화를 필수적으로 해야만 한다는 것이다. 그 자신이 가지고 있는 종교적 신앙을 프로이트적인 '의심의 해석학(hermeneutics of suspicion)'에 드러내는 것이 중요하다는 철학적 인식에 근거한 주장이다. 종교에 대해 우호적인 칼 융의 해석학은 긍정의 해석학이라고 할 수 있을 텐데, 오히려 융의 해석학보다 프로이트의 해석학이 종교적 신앙을 연구하는 데 더 의미 있는 도전을 주는 작업일 수도 있다는 데에 많은 학자들이 동감하고 있다.

나는 신학자로서 나의 학생들이 프로이트를 연구하는 이유는 결국 이중적 프로젝트일 수밖에 없음을 명료히 해둔다. 즉 긍정적인 측면과 부정적인 측면을 동시에 가지고 있는 연구과제라는 것이다. 먼저 부정적인 측면으로는 프로이트에게 종교가 늘 미성숙하고 신경증적이라는 점, 그리고 그에게 하나님은 단순히 개인의 양가적 감정의 투사라는 점을 들 수 있겠다. 그러나 보다 긍정적인 측면은 프로이트가 미성숙하고, 강박적인 신앙의 역동에 대해 이해하고 비판한 점을 신학생들은 간과해서는 안 될 것이라고 굳게 믿고 있다. 현대인이 가지고 있는 신앙의 역동성을 들여다보고 있노라면, 나는 프로이트가 비판하던 그 시대를 내가 살고 있지 않나 하고 착각에 빠지기도 한다. 한동안 나는 이라크전쟁과 파병논쟁에 휘말렸던 우리네 정치권과 국민들의 양분된 모습을 보고, 프로이트가 그의 논문인 「전쟁과 죽음에 대한 고찰」을 바로 21세기에 한반도에서 쓴 듯한 인상을 받기도 하였다. 다시 읽은 그의 논문

끝자락에 씌어 있는 '어쨌든 우리 문명인들의 세계대전은 중단 없이 계속되리라'는 예언자적인 언급에도 가슴 서늘한 공감을 피할 길이 없다. 전쟁의 시대에 사는 우리들이 그의 목소리를 회피하는 것 또한 아물지 않은 상처에 밴드를 붙여 놓고 곪아가는 것을 보고만 있겠다는 배짱처럼 느껴지는 이유도 그 때문이다.

그런 연유에서 나는 이 시대의 모든 종교인들이 자신의 마음 깊숙한 곳에서 삶의 태초부터 진행되어온 대상관계의 역동을 이해하지 않은 채로 자신의 신 인식의 총체적인 구도를 이해하는 것은 불가능하다고 믿는다. 적잖은 종교인들의 신 인식에는 자신의 대상관계와 연루된 강박적인 불안이 숨겨져 있기도 하고, 신의 이름으로 가장한 폭력이 도사리고 있기도 하다. 그러므로 나는 프로이트의 대상관계이론을 바탕으로 나의 학생들에게 자신의 신앙의 구조에 나타난 신 표상에 대해서 진지한 물음을 물을 것을 요청한다. 내가 미국에서 만난 한 신학생의 실례를 소개하면서.

두 얼굴의 신학생, 해럴드

나는 학위과정 중에 종교와 심리학을 전공하면서, 수년간 상담과 심리치료에 대한 임상훈련을 받았다. 박사학위 과정 중에 나는 미국의 한 신학대학원에 부속기관으로 있던 목회상담센터에서 상담사로 일한 적이 있다. 그곳에서 나는 해럴드라는 이름을 가진 33세의 백인 신학생을 내담자로 만나게 되었다. 그는 결혼하여 어린 두 아들을 둔 건실한 청년이었다. 그에게 배속된 나는 그와 만난 첫 회기에서, 그가 타의에 의해 내가 있는 상담기관을 찾게 된 청년임을 알게 되었다.

그는 미국 장로교회에서 안수를 받기 위해서 교단이 요구하는 바에 따라 5~6가지의 심리검사를 마치고, 임상심리학자와 심층인터뷰를 하였다. 그 심리학자가 교단으로 보낸 보고서에는 이 청년이 안수를 받기 위해서는 전문 상담사나 심리치료사에게 개인상담을 받아야 한다는 요청서가 첨부되어 있었다. 결국 해럴드는 자신이 재학 중인 신학대학원에 목회상담센터가 있는 것을 확인하고 울며 겨자 먹기로 찾아오게 된 것이다. 물론 그는 자신에게 왜 상담이 필요하다고 하는지 모르겠다는 억울한 표정을 잔뜩 지으며 첫 상담에 응했다. 덧붙여 그는 한번도 전문적인 상담이나 심리치료를 받은 적이 없었노라고 말했다.

해럴드는 호남형이었는데, 내 체구의 족히 3배는 되어 보이는 거구에, 머리는 스포츠형에다가 덥수룩한 수염을 기르고 있었다. 상담 직전에 가족관계나 신상정보 등을 쓰는 용지에 해럴드는 상담사유를 '어쩌면 아버지와의 관계 때문'이라고 조그맣게 써 넣었다. 자신이 왜 상담을 받아야 하는지 모르겠다면서 심리학자의 보고서 때문에 여기 왔다고 씩씩대는 해럴드에게 나는 조심스럽게 그가 깨알같은 글씨체로 왜 '아버지와의 관계'라고 썼는지를 물었다. 그는 "혹시 아버지와의 관계에서 무슨 숨겨진 것이라도 있을지……"라며 큰 소리를 내어 웃기 시작했다. 웃을 시점이 아닌 때에 터져 나온 웃음소리에 나 역시 깜짝 놀랐지만, 그냥 은근슬쩍 넘어갔다. 첫 회기 이후, 그룹으로 하는 지도감독 시간에 그 부분의 녹음테이프를 함께 들은 상담지도감독과 다른 미국인 동료들은 그 웃음소리가 범상치 않고 거의 괴물 같은 목소리로 보아 뭔가가 수상하다며 수선을 떨었다. 그리고 나를 돌아보는 그들의 눈짓에는 '상당히 무서운 괴물한테 걸렸으니 각오 단단히 하라'는 듯한 우려가 듬뿍 묻어 있었다.

첫 회기가 지난 후에 내가 만난 해럴드는 굉장한 달변가였다. 그는 마치 나를 상대로 성경공부나 설교를 하는 듯한 열정을 보여주기도 하였다. 무엇보다 맨 먼저 그가 행한 연설의 커버스토리는 아버지와의 화해에 대한 드라마틱한 이야기였다. 해럴드는 7세 때 자신이 한 법정증언으로 자신을 구타했던 아버지와 4년간 격리되었던 비극의 주인공이었다. 해럴드에게 아버지가 계시지 않던 4년간은 맏아들로서 가장 역할을 해야 했던 기억하기 싫은 고통의 시절이었다. 어머니가 직업전선에 뛰어든 가정에서 그는 세 명의 동생들을 돌보는 일을 감당해야 했다. 아버지가 가정으로 돌아오시고 1년이 지난 즈음, 해럴드는 12세에 예수를 자신의 구세주로 영접하는 회심을 경험했다고 한다. 그러고는 13세가 되던 해의 어느 날, 그는 자신의 아버지와 화해하는 극적인 사건을 경험한다. 교회의 어떤 집회에 다녀온 날 저녁에 아버지와 마주앉아 서로를 용서하는 은혜를 경험하였다는 것이다. 이 화해사건의 주체는 그리스도요, 하나님이었다. 그는 온갖 신학적인 언어를 사용하여 그때의 화해사건을 극적으로 묘사하고 있었다. 도저히 화해할 수 없는 부자관계를 하나님께서 친히 화해시켜 주셨다는 간증성의 설교에 나도 거의 혼을 뺏기고 있었다.

이후 해럴드는 교회생활에 온 정열을 바쳤고, 지난 18년 동안 교회의 중·고등학생들을 위한 사역자로 일하였다. 그러던 몇해 전 안수를 받고 목회자로 사역해야겠다는 결단을 내리고, 부인과 1년간 기도하며 소명에 대해 고민하다가 마침내 신학교의 문을 두드리게 된 것이었다. 누가 보아도 정열과 소명감에 넘쳐 부족함이 없어 보이는 장래가 촉망되는 청년이었고, 그 유수와 같은 말솜씨와 순식간에 감동의 도가니로 몰아가는 커버스토리로 그는 입학하자마자 과대표를 맡기도 하였다. 그런데 그가 전문적인 상담을 요한다니 이게 웬 말인가? 전문상담자랍시고 앉아 있는 나에게조차도 이런 의문이 2회기 동안은 지속되었다.

그런데 무엇보다 놀라운 것은 그를 아는 모든 이들 중 그와 아버지와의 화해스토리를 모르는 이가 하나도 없다는 사실이었다. 그에게 그 이야기는 신앙의 커버스토리였고, 누구든지 처음 대면하는 이들이라면 통성명 이후 늘 첫 번째로 들려주는 자기 자신의 모든 것이었다. 사실 굉장한 아픔과 상처를 담은 이야기인데도 침을 튀면서 단시간 내에 풀어내는 품새가 뭔가 심상치 않은 구석이 있었다. 첫 번째 의심쩍은 점은 몇해 전에 돌아가신 어머니에 대한 이야기가 나오자 그만 그 큰 덩치에 전혀 어울리지 않을 것 같은 닭똥 같은 눈물이 떨어져 나왔다는 것이었다. 갑작스레 돌아가신 어머니에 대한 회한의 눈물을 쏟은 해럴드는 놀랍게도 남에게, 심지어 아내에게조차도 어머니에 대한 이야기를 한 번도 한 적이 없었다고 했다. 많은 감정적 에너지를 소모해야 하는 이유로 어머니에 대한 이야기는 입 밖에 내본 적이 없던 것에 반해, 그보다 더 많은 감정의 기복을 담은 아버지와의 화해이야기를 전혀 힘들이지 않고 하는 이유가 분명코 있을 듯싶었다.

그리고 또한 참으로 이상한 점이라 생각되었던 것은 지난 18년 동안 교회의 중·고등학생들을 위한 사역자로 일하는 기간에 교회를 15번이나 옮겼던 사실이었다. 왜일까? 물론 사역하던 교회마다의 사정이 있었을 수도 있고, 해럴드 자신의 특별한 사정으로 인해 그럴 수도 있겠지만, 15번이나 교회를 옮겨 다닌 것은 왠지 이상하였다. 아마도 해럴드는 인간관계 형성에 어려움이 있었을 수도 있을 것이라는 점, 정서적으로 친해지는 것을 두려워하고 감정적인 에너지를 밖으로 드러내는 일이 참으로 쉽지 않았을 것이라는 점 등을 미루어 짐작할 수 있었다. 안 보아도 뻔한 것은 그가 교회를 옮길 때마다 맨 먼저 소개한 자신의 라이프스토리는 '아버지와의 화해'였을 것이다. 그런데 그러고 나서는 자신에 대한 그 어떠한 것도 남과 나누지 못하는 이유는 무엇일까? 아마도 대인관계에서 조금씩 가까워져야 할 필요가 느껴짐과 동시에 그에게는 그 교회를 떠나야 할 필요 역시 생겼던 것은 아닐까?

왜 그는 그렇게 떠나야만 했을까? 그의 커버스토리에 등장하는 화해의 하나님이 해럴드의 삶에 진정한 화해자가 되지 못하는 것은 왜일까? 반년가량 진행된 심층 상담을 통해 나는 무의식적인 세계의 해럴드의 신 표상이 사실은 화해자가 아닌 분리자였던 것을 알 수 있었다. 말로는 '용서의 하나님'을 침을 튀겨가면서 고백했지만, 사실 결코 용서할 수 없는 아버지를 그저 잊게 하는 존재가 바로 그의 하나님이었다. 용서 (forgive) 대신 그저 망각(forget)하도록 돕는 무감각한 이미지의 하나님이 그의 심층 밑바닥에 잠들어 있었던 것이다.

입으로 고백하는 화해의 하나님과는 반대의 모습을 가진, 이질감과 분리감을 느끼게 하는 하나님 이미지는 과연 어디서 왔을까? 놀랍게도 이러한 신 표상은 그가 느꼈던 아버지의 이미지와 너무나도 흡사하였다. 그는 한번도 감정적으로 아버지와 친밀감을 느낀 적이 없다고 증언하였다. 13세 때에 아버지와 화해하였다고 한 해럴드는 사실 아버지를 잊은 것이었고, 그 이후 아버지 역시 아들의 신앙에 무관심하였다. 해럴드는 '제2의 가정'을 교회에서 찾았다고 말하였으나, 사실 교회는 제2의 가정이 아니라 그의 유일한 가정이었다. 화해의 하나님이 해럴드를 가정과 하나 되게 했다고 했지만 그는 여전히 아버지를 비롯한 가족들과는 소원한 관계였고, 엄밀히 말한다면 그의 심층에 있는 하나님은 극단적으로 가족과 '분리'할 수 있도록 도와주는 교두보 역할을 하고 있었다.

해럴드에게 필요했던 것은 그의 잘못된 신 표상을 스스로 발견하게 하는 일이었다. 입만 열면 설교를 늘어놓았지만 하나님과 감정적으로 하나가 될 수 없었던 해럴드는 교회 생활에서도 감정적으로 친밀해야 하는 필요가 느껴지면 스스로 후퇴하는 신앙생활을 반복할 수밖에 없었다. 18년 동안 15번이나 사역지를 옮긴 사실 자체도 해럴드 스스로는 자주 옮긴 것이라고 느끼지 못할 정도로 당연한 것이었다. 심지어 그는 아내와도 내밀한 감정을 나누지 못하는 삶을 살 수밖에 없었다. 그런 해럴드의 감정적 생활이나 대인관계적 태도가 미래의 종교지도자로서의 길을 준비함에 있어서 해결해야 될 숙제라고 심리학자는 평가했던 것이다.

해럴드는 두 얼굴을 가진 신학생이었다. 내게는 그의 두 얼굴, 즉 장래가 촉망되고 자신감 넘치는 설교자로서의 얼굴과 가족과 철저히 분리되어 수치심에 가득 차 아무에게도 자신의 깊은 감정을 쉽게 드러내지 못하는 폐쇄된 아이의 얼굴이 늘 교차적으로 다가왔다. 사실 그의 두 얼굴은 그가 가지고 있는 하나님의 두 얼굴과 깊은 관련이 있었다. 그가 머리로 고백하고 열정적으로 설교하는 하나님과 그의 심층 깊은 곳에서 그를 붙잡고 있는 아버지의 모습을 닮은 하나님 말이다.

나는 기독교상담이나 목회상담에 있어서 가장 중요한 과제가 내담자의 신 표상을 탐험하는 일이라고 본다. 해럴드의 경우에서처럼 무의식적인 심리적 역동 가운데 왜곡된 신 표상이 개인의 신앙과 삶 역시 크게 왜곡하는 경우가 다반사이기 때문이다. 보스톤대학교에서 가르쳤던 목회신학자이자 가족치료사였던 머얼 조단(Merle Jordan)은 그의 유명한 저서에서 목회상담사의 과제에 대하여 이와 같은 논지를 전개한 바 있다. 그의 저서의 제목이 눈길을 끄는데, 이름하여 『신들 간의 맞대결 *Taking on the Gods*』이다.

조단은 목회상담자의 과제를, 내담자가 가지고 있는 왜곡된 신 표상을 객관적으로 고백하는 사랑과 자비의 신 개념과 맞닥뜨리는 작업이라고 본다. 그러므로 기독교상담 혹은 목회상담이라는 임상현장은 결국 상담자와 내담자 앞에서 벌어지는 '신들 간의 맞대결'이 될 수밖에 없다는 것이다. 기독교인들이 「창세기」에서 고백하는 신앙의 내용, 즉 "하나님이 하나님의 형상대로 사람을 창조하시었다"는 객관적 사실과 자신의 주관적 내면세계 안에 있는 '인간의 형상대로 창조된' 신 표상과의 일치를 구현하는 일이 결국 기독교신앙의 온전한 모습이자 치유인 것이다.

헤럴드가 머리로 믿던 '화해'의 하나님 개념은 의식의 세계에서는 강하게 작용하였지만, 그의 무의식의 세계에서 만들어낸 '분리'의 하나님 표상을 결코 무력화시키지 못했다. 아니, 오히려 이 둘은 두 얼굴을 가진 하나님으로 서로 대면하지 않고 해럴드의 삶 전반에서 각자의 힘을 발휘하고 있었다. 그러나 이러한 하나님의 양면 중에서 해럴드에게 더 절대적인 힘을 발휘한 것은 그의 취약한 대상관계에서 비롯된 왜곡된 신 표상의 모습이었다. 왜곡된 신 표상은 늘 왜곡된 자기 표상을 동반한다. 즉 해럴드가 가진 '분리'의 신 표상이 결국 자신의 분리적인 자의식을 촉진시켰다는 것이다. 해럴드는 그가 옮겨 다닌 교회에서 구성원들과 어느 정도의 친밀도가 생기면, '분리'에 대한 불안과 공포를 느끼기 시작한다. 1년도 못 되어 매번 스스로 교회를 박차고 나오는 이유도 그래서였다. 결국 '분리하는 신 표상에 억눌려 있는 해럴드는 '분리되는 자기 표상'을 만드는 악순환을 반복한 것이다. 결국 신학생 해럴드는 자신의 무의식이 만든 하나님의 형상('분리'의 표상)으로 자신이 믿어 왔던 종교적 사실, 다시 말해 의식 안에 있는 하나님의 형상('화해'의 표상)을 억압하고 말았다.

우리가 믿는 종교적 사실은 불변의 객관적인 내용일 뿐 아니라 우리가 객관과 주관을 '묶어서' 표상하는 과정이다. 프로이트의 신 표상 연구를 바탕으로 종교적 신앙의 형성과정을 다시 세밀하게 살펴보자고 제안하는 이유는 바로 이 때문이다. 이러한 새로운 신학적 과제는 유아 초기에 우리에게 있었던 대상들과의 관계를 탐험하는 일을 간과해서는 안 된다는 프로이트의 비판적인 충고를 받아들일 때에만 가능할 것이다. 그리고 이것이 바로 그가 우리에게 남긴 신학적 유산이다.

프랑스엔 〈크세주〉, 일본엔 〈이와나미 문고〉,
한국에는 〈살림지식총서〉가 있습니다.

📖 전자책 | 🔍 큰글자 | 🔊 오디오북

001 미국의 좌파와 우파 | 이주영 📖🔍
002 미국의 정체성 | 김형인 📖🔍
003 마이너리티 역사 | 손영호 📖
004 두 얼굴을 가진 하나님 | 김형인 📖
005 MD | 정욱식 📖
006 반미 | 김진웅 📖
007 영화로 보는 미국 | 김성곤 📖🔍
008 미국 뒤집어보기 | 장석정
009 미국 문화지도 | 장석정
010 미국 메모랜덤 | 최성일
011 위대한 어머니 여신 | 장영란 📖🔍
012 변신이야기 | 김선자 📖
013 인도신화의 계보 | 류경희 📖🔍
014 축제인류학 | 류정아 📖
015 오리엔탈리즘의 역사 | 정진농 📖🔍
016 이슬람 문화 | 이희수 📖
017 살롱문화 | 서정복 📖
018 추리소설의 세계 | 정규웅 🔍
019 애니메이션의 장르와 역사 | 이용배 📖
020 문신의 역사 | 조현설 📖
021 색채의 상징, 색채의 심리 | 박영수 📖🔍
022 인체의 신비 | 이성주 📖
023 생물학무기 | 배우철 📖
024 이 땅에서 우리말로 철학하기 | 이기상
025 중세는 정말 암흑기였나 | 이경재 📖🔍
026 미셸 푸코 | 양운덕 📖
027 포스트모더니즘에 대한 성찰 | 신승환 📖🔍
028 조폭의 계보 | 방성수
029 성스러움과 폭력 | 류성민 📖
030 성상 파괴주의와 성상 옹호주의 | 진형준 📖
031 UFO학 | 성시정 📖
032 최면의 세계 | 설기문 📖
033 천문학 탐구자들 | 이면우
034 블랙홀 | 이충환 📖
035 법의학의 세계 | 이윤성 📖🔍
036 양자 컴퓨터 | 이순칠 📖
037 마피아의 계보 | 안혁 📖🔍
038 헬레니즘 | 윤진 📖
039 유대인 | 정성호 📖🔍
040 M. 엘리아데 | 정진홍 📖
041 한국교회의 역사 | 서정민 📖🔍
042 야웨와 바알 | 김남일 📖
043 캐리커처의 역사 | 박창석
044 한국 액션영화 | 오승욱 📖
045 한국 문예영화 이야기 | 김남석 📖
046 포켓몬 마스터 되기 | 김윤아 📖

047 판타지 | 송태현 📖
048 르 몽드 | 최연구 📖🔍
049 그리스 사유의 기원 | 김재홍 📖
050 영혼론 입문 | 이정우
051 알베르 카뮈 | 유기환 📖🔍
052 프란츠 카프카 | 편영수 📖
053 버지니아 울프 | 김희정 📖
054 재즈 | 최규용 📖
055 뉴에이지 음악 | 양한수 📖
056 중국의 고구려사 왜곡 | 최광식 📖🔍
057 중국의 정체성 | 강준영 📖🔍
058 중국의 문화코드 | 강진석 🔍
059 중국사상의 뿌리 | 장현근 📖🔍
060 화교 | 정성호 📖
061 중국인의 금기 | 장범성 📖🔍
062 무협 | 문현선 📖
063 중국영화 이야기 | 임대근 📖
064 경극 | 송철규 📖
065 중국적 사유의 원형 | 박정근 📖🔍
066 수도원의 역사 | 최형걸 📖
067 현대 신학 이야기 | 박만 📖
068 요가 | 류경희 📖
069 성공학의 역사 | 정해윤 📖
070 진정한 프로는 변화가 즐겁다 | 김학선 📖🔍
071 외국인 직접투자 | 송의달
072 지식의 성장 | 이한구 📖🔍
073 사랑의 철학 | 이정은 📖
074 유교문화와 여성 | 김미영 📖
075 매체 정보란 무엇인가 | 구연상 📖🔍
076 피에르 부르디외와 한국사회 | 홍성민 📖
077 21세기 한국의 문화혁명 | 이정덕 📖
078 사건으로 보는 한국의 정치변동 | 양길현 📖🔍
079 미국을 만든 사상들 | 정경희 📖🔍
080 한반도 시나리오 | 정욱식 📖🔍
081 미국인의 발견 | 우수근 📖
082 미국의 거장들 | 김홍국 📖
083 법으로 보는 미국 | 채동배
084 미국 여성사 | 이창신 📖
085 책과 세계 | 강유원 🔍
086 유럽왕실의 탄생 | 김현수 📖
087 박물관의 탄생 | 전진성 📖
088 절대왕정의 탄생 | 임승휘 📖🔍
089 커피 이야기 | 김성윤 📖🔍
090 축구의 문화사 | 이은호
091 세기의 사랑 이야기 | 안재필 📖🔍
092 반연극의 계보와 미학 | 임준서 📖

093 한국의 연출가들 | 김남석 📖
094 동아시아의 공연예술 | 서연호 📖
095 사이코드라마 | 김정일
096 철학으로 보는 문화 | 신응철 📖 🔍
097 장 폴 사르트르 | 변광배 📖
098 프랑스 문화와 상상력 | 박기현 📖
099 아브라함의 종교 | 공일주 📖
100 여행 이야기 | 이진홍 📖 🔍
101 아테네 | 장영란 📖 🔍
102 로마 | 한형곤 📖
103 이스탄불 | 이희수 📖
104 예루살렘 | 최창모 📖
105 상트 페테르부르크 | 방일권 📖
106 하이델베르크 | 곽병휴 📖
107 파리 | 김복래 📖
108 바르샤바 | 최건영 📖
109 부에노스아이레스 | 고부안 📖
110 멕시코 시티 | 정혜주 📖
111 나이로비 | 양철준 📖
112 고대 올림픽의 세계 | 김복희 📖
113 종교와 스포츠 | 이창익 📖
114 그리스 미술 이야기 | 노성두 📖
115 그리스 문명 | 최혜영 📖 🔍
116 그리스와 로마 | 김덕수 📖 🔍
117 알렉산드로스 | 조현미 📖
118 고대 그리스의 시인들 | 김헌 📖
119 올림픽의 숨은 이야기 | 장원재 📖
120 장르 만화의 세계 | 박인하 📖
121 성공의 길은 내 안에 있다 | 이숙영 📖 🔍
122 모든 것을 고객중심으로 바꿔라 | 안상헌 📖
123 중세와 토마스 아퀴나스 | 박주영 📖 🔍
124 우주 개발의 숨은 이야기 | 정홍철 📖
125 나노 | 이영희 📖
126 초끈이론 | 박재모 · 현승준 📖
127 안토니 가우디 | 손세관 📖
128 프랭크 로이드 라이트 | 서수경 📖
129 프랭크 게리 | 이일형
130 리차드 마이어 | 이성훈 📖
131 안도 다다오 | 임채진 📖
132 색의 유혹 | 오수연 📖
133 고객을 사로잡는 디자인 혁신 | 신언모
134 양주 이야기 | 김준철 📖 🔍
135 주역과 운명 | 심의용 📖 🔍
136 학계의 금기를 찾아서 | 강성민 📖 🔍
137 미 · 중 · 일 새로운 패권전략 | 우수근 📖 🔍
138 세계지도의 역사와 한반도의 발견 | 김상근 📖 🔍
139 신용하 교수의 독도 이야기 | 신용하 📖
140 간도는 누구의 땅인가 | 이성환 📖 🔍
141 말리노프스키의 문화인류학 | 김용환 📖
142 크리스마스 | 이영제
143 바로크 | 신정아 📖
144 페르시아 문화 | 신규섭 📖
145 패션과 명품 | 이재진 📖
146 프랑켄슈타인 | 장정희 📖

147 뱀파이어 연대기 | 한혜원 📖 🔊
148 위대한 힙합 아티스트 | 김정훈 📖
149 살사 | 최명호
150 모던 걸, 여우 목도리를 버려라 | 김주리 📖
151 누가 하이카라 여성을 데리고 사누 | 김미지 📖
152 스위트 홈의 기원 | 백지혜 📖
153 대중적 감수성의 탄생 | 강심호 📖
154 에로 그로 넌센스 | 소래섭 📖
155 소리가 만들어낸 근대의 풍경 | 이승원 📖
156 서울은 어떻게 계획되었는가 | 염복규 📖 🔍
157 부엌의 문화사 | 함한희 📖
158 칸트 | 최인숙 📖
159 사람은 왜 인정받고 싶어하나 | 이정은 📖 🔍
160 지중해학 | 박상진 📖
161 동북아시아 비핵지대 | 이삼성 외
162 서양 배우의 역사 | 김정수
163 20세기의 위대한 연극인들 | 김미혜 📖
164 영화음악 | 박신영 📖
165 한국독립영화 | 김수남 📖
166 영화와 샤머니즘 | 이종승 📖
167 영화로 보는 불륜의 사회학 | 황혜진 📖
168 J.D. 샐린저와 호밀밭의 파수꾼 | 김성곤 📖
169 허브 이야기 | 조태동 · 송진희 📖
170 프로레슬링 | 성민수 📖
171 프랑크푸르트 | 이기식 📖
172 바그다드 | 이동은 📖
173 아테네인, 스파르타인 | 윤진 📖
174 정치의 원형을 찾아서 | 최자영 📖
175 소르본 대학 | 서정복 📖
176 테마로 보는 서양미술 | 권용준 📖 🔍
177 칼 마르크스 | 박영균
178 허버트 마르쿠제 | 손철성 📖
179 안토니오 그람시 | 김현우 📖
180 안토니오 네그리 | 윤수종 📖
181 박이문의 문학과 철학 이야기 | 박이문 📖
182 상상력과 가스통 바슐라르 | 홍명희 📖
183 인간복제의 시대가 온다 | 김홍재
184 수소 혁명의 시대 | 김미선 📖
185 로봇 이야기 | 김문상 📖
186 일본의 정체성 | 김필동 📖 🔍
187 일본의 서양문화 수용사 | 정하미 📖 🔍
188 번역과 일본의 근대 | 최경옥 📖
189 전쟁국가 일본 | 이성환 📖
190 한국과 일본 | 하우봉 📖 🔍
191 일본 누드 문화사 | 최유경 📖
192 주신구라 | 이준섭
193 일본의 신사 | 박규태 📖
194 미야자키 하야오 | 김윤아 📖 🔊
195 애니메이션으로 보는 일본 | 박규태 📖
196 디지털 에듀테인먼트 스토리텔링 | 강심호 📖
197 디지털 애니메이션 스토리텔링 | 배주영 📖
198 디지털 게임의 미학 | 전경란 📖
199 디지털 게임 스토리텔링 | 한혜원 📖
200 한국형 디지털 스토리텔링 | 이인화 📖

201 디지털 게임, 상상력의 새로운 영토 | 이정엽 ◀
202 프로이트와 종교 | 권수영 📖
203 영화로 보는 태평양전쟁 | 이동훈 📖
204 소리의 문화사 | 김토일 📖
205 극장의 역사 | 임종엽 📖
206 뮤지엄건축 | 서상우 📖
207 한옥 | 박명덕 📖
208 한국만화사 산책 | 손상익
209 만화 속 백수 이야기 | 김성훈
210 코믹스 만화의 세계 | 박석환 📖
211 북한만화의 이해 | 김성훈 · 박소현
212 북한 애니메이션 | 이대연 · 김경임
213 만화로 보는 미국 | 김기홍
214 미생물의 세계 | 이재열 📖
215 빛과 색 | 변종철 📖
216 인공위성 | 장영근 📖
217 문화콘텐츠란 무엇인가 | 최연구 📖 🔍
218 고대 근동의 신화와 종교 | 강성열 📖
219 신비주의 | 금인숙 📖
220 십자군, 성전과 약탈의 역사 | 진원숙
221 종교개혁 이야기 | 이성덕 📖
222 자살 | 이진홍 📖
223 성, 그 억압과 진보의 역사 | 윤가현 📖 🔍
224 아파트의 문화사 | 박철수 📖
225 권오길 교수가 들려주는 생물의 섹스 이야기 | 권오길 📖
226 동물행동학 | 임신재 📖
227 한국 축구 발전사 | 김성원 📖
228 월드컵의 위대한 전설들 | 서준형
229 월드컵의 강국들 | 심재희
230 스포츠마케팅의 세계 | 박찬혁
231 일본의 이중권력, 쇼군과 천황 | 다카시로 고이치
232 일본의 사소설 | 안영희
233 글로벌 매너 | 박한표
234 성공하는 중국 진출 가이드북 | 우수근
235 20대의 정체성 | 정성호 📖
236 중년의 사회학 | 정성호 📖 🔍
237 인권 | 차병직 📖
238 헌법재판 이야기 | 오호택 📖
239 프라하 | 김규진 📖
240 부다페스트 | 김성진 📖
241 보스턴 | 황선희 📖
242 돈황 | 전인초 📖
243 보들레르 | 이건수 📖
244 돈 후안 | 정동섭 📖
245 사르트르 참여문학론 | 변광배 📖
246 문체론 | 이종오 📖
247 올더스 헉슬리 | 김효원 📖
248 탈식민주의에 대한 성찰 | 박종성 📖 🔍
249 서양 무기의 역사 | 이내주 📖
250 백화점의 문화사 | 김인호 📖
251 초콜릿 이야기 | 정한진 📖
252 향신료 이야기 | 정한진 📖
253 프랑스 미식 기행 | 심순철
254 음식 이야기 | 윤진아 📖 🔍
255 비틀스 | 고영탁 📖
256 현대시와 불교 | 오세영 📖
257 불교의 선악론 | 안옥선 🔍
258 질병의 사회사 | 신규환 📖 🔍
259 와인의 문화사 | 고형욱 📖
260 와인, 어떻게 즐길까 | 김준철 📖 🔍
261 노블레스 오블리주 | 예종석 📖 🔍
262 미국인의 탄생 | 김진웅 📖
263 기독교의 교파 | 남병두 📖 🔍
264 플로티노스 | 조규홍 📖
265 아우구스티누스 | 박경숙 📖
266 안셀무스 | 김영철 📖
267 중국 종교의 역사 | 박종우 📖
268 인도의 신화와 종교 | 정광흠
269 이라크의 역사 | 공일주 📖
270 르 코르뷔지에 | 이관석 📖
271 김수영, 혹은 시적 양심 | 이은정 📖 🔍 ◀
272 의학사상사 | 여인석 📖
273 서양의학의 역사 | 이재담 📖 🔍
274 몸의 역사 | 강신익 📖 🔍
275 인류를 구한 항균제들 | 예병일 📖
276 전쟁의 판도를 바꾼 전염병 | 예병일 📖
277 사상의학 바로 알기 | 장동민 📖 🔍
278 조선의 명의들 | 김호 📖
279 한국인의 관계심리학 | 권수영 📖 🔍
280 모건의 가족 인류학 | 김용환
281 예수가 상상한 그리스도 | 김호경 📖
282 사르트르와 보부아르의 계약결혼 | 변광배 📖 🔍
283 초기 기독교 이야기 | 진원숙 📖
284 동유럽의 민족 분쟁 | 김철민 📖
285 비잔틴제국 | 진원숙 📖
286 오스만제국 | 진원숙 📖
287 별을 보는 사람들 | 조상호
288 한미 FTA 후 직업의 미래 | 김준성 📖
289 구조주의와 그 이후 | 김종우 📖
290 아도르노 | 이종하 📖
291 프랑스 혁명 | 서정복 📖
292 메이지유신 | 장인성 📖 🔍
293 문화대혁명 | 백승욱 📖 🔍
294 기생 이야기 | 신현규 📖
295 에베레스트 | 김법모 📖
296 빈 | 인성기 📖
297 발트3국 | 서진석 📖
298 아일랜드 | 한일동 📖
299 이케다 하야토 | 권혁기 📖
300 박정희 | 김성진 📖 ◀
301 리콴유 | 김성진 📖
302 덩샤오핑 | 박형기 📖
303 마거릿 대처 | 박동운 📖 ◀
304 로널드 레이건 | 김형곤 📖 ◀
305 셰이크 모하메드 | 최진영 📖
306 유엔사무총장 | 김정태 📖
307 농구의 탄생 | 손대범 📖
308 홍차 이야기 | 정은희 📖 🔍

309 인도 불교사 | 김미숙 📖
310 아힌사 | 이정호
311 인도의 경전들 | 이재숙 📖
312 글로벌 리더 | 백형찬 📖 🔍
313 탱고 | 배수경 📖
314 미술경매 이야기 | 이규현 📖
315 달마와 그 제자들 | 우봉규 📖 🔍
316 화두와 좌선 | 김호귀 📖 🔍
317 대학의 역사 | 이광주 📖 🔍
318 이슬람의 탄생 | 진원숙 📖
319 DNA분석과 과학수사 | 박기원 📖
320 대통령의 탄생 | 조지형 📖
321 대통령의 퇴임 이후 | 김형곤 📖
322 미국의 대통령 선거 | 윤용희 📖
323 프랑스 대통령 이야기 | 최연구 📖
324 실용주의 | 이유선 📖
325 맥주의 세계 | 원용희 📖 🔊
326 SF의 법칙 | 고장원
327 원효 | 김원명 📖
328 베이징 | 조창완 📖
329 상하이 | 김윤희 📖
330 홍콩 | 유영하 📖
331 중화경제의 리더들 | 박형기 📖 🔍
332 중국의 엘리트 | 주장환 📖
333 중국의 소수민족 | 정재남
334 중국을 이해하는 9가지 관점 | 우수근 📖 🔍 🔊
335 고대 페르시아의 역사 | 유흥태 📖
336 이란의 역사 | 유흥태 📖
337 에스파한 | 유흥태 📖
338 번역이란 무엇인가 | 이향 📖
339 해체론 | 조규형 📖
340 자크 라캉 | 김용수 📖
341 하지홍 교수의 개 이야기 | 하지홍 📖
342 다방과 카페, 모던보이의 아지트 | 장유정 📖
343 역사 속의 채식인 | 이광조 📖 🔍
344 보수와 진보의 정신분석 | 김용신 📖 🔍
345 저작권 | 김기태 📖
346 왜 그 음식은 먹지 않을까 | 정한진 📖 🔍 🔊
347 플라멩코 | 최명호
348 월트 디즈니 | 김지영 📖
349 빌 게이츠 | 김익현 📖
350 스티브 잡스 | 김상훈 📖 🔍
351 잭 웰치 | 하정필 📖
352 워렌 버핏 | 이민주 📖
353 조지 소로스 | 김성진 📖
354 마쓰시타 고노스케 | 권혁기 📖 🔍
355 도요타 | 이우광 📖
356 기술의 역사 | 송성수 📖
357 미국의 총기 문화 | 손영호 📖
358 표트르 대제 | 박지배 📖
359 조지 워싱턴 | 김형곤 📖
360 나폴레옹 | 서정복 📖 🔊
361 비스마르크 | 김장수 📖
362 모택동 | 김승일 📖

363 러시아의 정체성 | 기연수 📖
364 너는 사방 위험한 로봇이다 | 오은 📖
365 발레리나를 꿈꾼 로봇 | 김선혁 📖
366 로봇 선생님 가라사대 | 안동근 📖
367 로봇 디자인의 숨겨진 규칙 | 구신애 📖
368 로봇을 향한 열정, 일본 애니메이션 | 안병욱 📖
369 도스토예프스키 | 박영은 📖 🔊
370 플라톤의 교육 | 장영란 📖
371 대공황 시대 | 양동휴 📖
372 미래를 예측하는 힘 | 최연구 📖 🔍
373 꼭 알아야 하는 미래 질병 10가지 | 우정헌 📖 🔍 🔊
374 과학기술의 개척자들 | 송성수 📖
375 레이첼 카슨과 침묵의 봄 | 김재호 📖 🔍
376 좋은 문장 나쁜 문장 | 송준호 📖 🔍
377 바울 | 김호경 📖
378 테킬라 이야기 | 최명호 📖
379 어떻게 일본 과학은 노벨상을 탔는가 | 김범성 📖 🔍
380 기후변화 이야기 | 이유진 📖 🔍
381 상송 | 전금주
382 이슬람 예술 | 전완경 📖
383 페르시아의 종교 | 유흥태
384 삼위일체론 | 유해무 📖
385 이슬람 율법 | 공일주 📖
386 금강경 | 곽철환 📖
387 루이스 칸 | 김낙중 · 정태용 📖
388 톰 웨이츠 | 신주현 📖
389 위대한 여성 과학자들 | 송성수 📖
390 법원 이야기 | 오호택 📖
391 명예훼손이란 무엇인가 | 안상운 📖 🔍
392 사법권의 독립 | 조지형 📖
393 피해자학 강의 | 장규원 📖
394 정보공개란 무엇인가 | 안상운 📖
395 적정기술이란 무엇인가 | 김정태 · 홍성욱 📖
396 치명적인 금융위기, 왜 유독 대한민국인가 | 오형규 📖 🔍
397 지방자치단체, 돈이 새고 있다 | 최인욱 📖
398 스마트 위험사회가 온다 | 민경식 📖
399 한반도 대재난, 대책은 있는가 | 이정직 📖
400 불안사회 대한민국, 복지가 해답인가 | 신광영 📖 🔍
401 21세기 대한민국 대외전략 | 김기수 📖
402 보이지 않는 위협, 종북주의 | 류현수 📖
403 우리 헌법 이야기 | 오호택 📖 🔍
404 핵심 중국어 간체자(简体字) | 김현정 🔍
405 문화생활과 문화주택 | 김용범 📖
406 미래주거의 대안 | 김세용 · 이재준
407 개방과 폐쇄의 딜레마, 북한의 이중적 경제 | 남성욱 · 정유석 📖
408 연극과 영화를 통해 본 북한 사회 | 민병욱 📖
409 먹기 위한 개방, 살기 위한 핵외교 | 김계동 📖
410 북한 정권 붕괴 가능성과 대비 | 전경주 📖
411 북한을 움직이는 힘, 군부의 패권경쟁 | 이영훈 📖
412 인민의 천국에서 벌어지는 인권유린 | 허만호 📖
413 성공을 이끄는 마케팅 법칙 | 추성엽 📖
414 커피로 알아보는 마케팅 베이직 | 김민주 📖
415 쓰나미의 과학 | 이호준 📖
416 20세기를 빛낸 극작가 20인 | 백승무 📖

417 20세기의 위대한 지휘자 | 김문경 🔳 🔎
418 20세기의 위대한 피아니스트 | 노태헌 🔳 🔎
419 뮤지컬의 이해 | 이동섭 🔳
420 위대한 도서관 건축 순례 | 최정태 🔳 🔎
421 아름다운 도서관 오디세이 | 최정태 🔳 🔎
422 롤링 스톤즈 | 김기범 🔳
423 서양 건축과 실내디자인의 역사 | 천진희 🔳
424 서양 가구의 역사 | 공혜원 🔳
425 비주얼 머천다이징&디스플레이 디자인 | 강희수
426 호감의 법칙 | 김경호 🔳 🔎
427 시대의 지성, 노암 촘스키 | 임기대 🔳
428 역사로 본 중국음식 | 신계숙 🔳 🔎
429 일본요리의 역사 | 박병학 🔳 🔎
430 한국의 음식문화 | 도현신 🔳
431 프랑스 음식문화 | 민혜련 🔳
432 중국차 이야기 | 조은아 🔳 🔎
433 디저트 이야기 | 안호기 🔳
434 치즈 이야기 | 박승용 🔳
435 면(麵) 이야기 | 김한송 🔳 🔎
436 막걸리 이야기 | 정은숙 🔳 🔎
437 알렉산드리아 비블리오테카 | 남태우 🔳
438 개헌 이야기 | 오호택 🔳
439 전통 명품의 보고, 규장각 | 신병주 🔳 🔎
440 에로스의 예술, 발레 | 김도윤 🔳
441 소크라테스를 알라 | 장영란 🔳
442 소프트웨어가 세상을 지배한다 | 김재호 🔳
443 국제난민 이야기 | 김철민 🔳
444 셰익스피어 그리고 인간 | 김도윤 🔳
445 명상이 경쟁력이다 | 김필수 🔳 🔎
446 갈매나무의 시인 백석 | 이숭원 🔳
447 브랜드를 알면 자동차가 보인다 | 김흥식 🔳
448 파이온에서 힉스 입자까지 | 이강영 🔳
449 알고 쓰는 화장품 | 구희연 🔳
450 희망이 된 인문학 | 김호연 🔳 🔎
451 한국 예술의 큰 별 동랑 유치진 | 백형찬 🔳
452 경허와 그 제자들 | 우봉규 🔳 🔎
453 논어 | 윤홍식 🔳 🔎
454 장자 | 이기동 🔳 🔎
455 맹자 | 장현근 🔳 🔎
456 관자 | 신창호 🔳 🔎
457 순자 | 윤무학 🔳
458 미사일 이야기 | 박준복 🔳
459 사주(四柱) 이야기 | 이지형 🔳 🔎
460 영화로 보는 로큰롤 | 김기범 🔳
461 비타민 이야기 | 김정환 🔳 🔎
462 장군 이순신 | 도현신 🔳 🔎
463 전쟁의 심리학 | 이윤규 🔳
464 미국의 장군들 | 여영무 🔳
465 첨단무기의 세계 | 양낙규 🔳
466 한국무기의 역사 | 이내주 🔳 🔎
467 노자 | 임헌규 🔳 🔎
468 한비자 | 윤찬원 🔳 🔎
469 묵자 | 박문현 🔳 🔎
470 나는 누구인가 | 김용신 🔳 🔎

471 논리적 글쓰기 | 여세주 🔳 🔎
472 디지털 시대의 글쓰기 | 이강룡 🔎
473 NLL을 말하다 | 이상철 🔳 🔎
474 뇌의 비밀 | 서유헌 🔳 🔎
475 버트런드 러셀 | 박병철 🔳
476 에드문트 후설 | 박인철 🔳
477 공간 해석의 지혜, 풍수 | 이지형 🔳 🔎
478 이야기 동양철학사 | 강성률 🔳 🔎
479 이야기 서양철학사 | 강성률 🔳 🔎
480 독일 계몽주의의 유학적 기초 | 전홍석 🔳
481 우리말 한자 바로쓰기 | 안광희 🔳 🔎
482 유머의 기술 | 이상훈 🔳
483 관상 | 이태룡 🔳
484 가상학 | 이태룡 🔳
485 역경 | 이태룡 🔳
486 대한민국 대통령들의 한국경제 이야기 1 | 이장규 🔳 🔎
487 대한민국 대통령들의 한국경제 이야기 2 | 이장규 🔳 🔎
488 별자리 이야기 | 이형철 외 🔳 🔎
489 셜록 홈즈 | 김재성 🔳
490 역사를 움직인 중국 여성들 | 이양자 🔳 🔎
491 중국 고전 이야기 | 문승용 🔳 🔎
492 발효 이야기 | 이미란 🔳
493 이승만 평전 | 이주영 🔳
494 미군정시대 이야기 | 차상철 🔳 🔎
495 한국전쟁사 | 이희진 🔳
496 정전협정 | 조성훈 🔳
497 북한 대남 침투도발사 | 이윤규 🔳
498 수상 | 이태룡 🔳
499 성명학 | 이태룡 🔳
500 결혼 | 남정욱 🔳 🔎
501 광고로 보는 근대문화사 | 김병희 🔳 🔎
502 시조의 이해 | 임형선 🔳
503 일본인은 왜 속마음을 말하지 않을까 | 임영철 🔳
504 내 사랑 아다지오 | 양태조 🔳
505 수프림 오페라 | 김도윤 🔳
506 바그너의 이해 | 서정원 🔳
507 원자력 이야기 | 이정익 🔳
508 이스라엘과 창조경제 | 정성호 🔳
509 한국 사회 빈부의식은 어떻게 변했는가 | 김용신 🔳
510 요하문명과 한반도 | 우실하 🔳
511 고조선왕조실록 | 이희진 🔳
512 고구려조선왕조실록 1 | 이희진 🔳
513 고구려조선왕조실록 2 | 이희진 🔳
514 백제왕조실록 1 | 이희진 🔳
515 백제왕조실록 2 | 이희진 🔳
516 신라왕조실록 1 | 이희진 🔳
517 신라왕조실록 2 | 이희진 🔳
518 신라왕조실록 3 | 이희진
519 가야왕조실록 | 이희진 🔳
520 발해왕조실록 | 구난희 🔳
521 고려왕조실록 1 (근간)
522 고려왕조실록 2 (근간)
523 조선왕조실록 1 | 이성무 🔳
524 조선왕조실록 2 | 이성무 🔳

525 조선왕조실록 3 | 이성무 🔲
526 조선왕조실록 4 | 이성무 🔲
527 조선왕조실록 5 | 이성무 🔲
528 조선왕조실록 6 | 편집부 🔲
529 정한론 | 이기용 🔲
530 청일전쟁 (근간)
531 러일전쟁 (근간)
532 이슬람 전쟁사 | 진원숙 🔲
533 소주이야기 | 이지형 🔲
534 북한 남침 이후 3일간, 이승만 대통령의 행적 | 남정옥 🔲
535 제주 신화 1 | 이석범
536 제주 신화 2 | 이석범
537 제주 전설 1 | 이석범
538 제주 전설 2 | 이석범
539 제주 전설 3 | 이석범
540 제주 전설 4 | 이석범
541 제주 전설 5 | 이석범
542 제주 민담 | 이석범
543 서양의 명장 | 박기련 🔲
544 동양의 명장 | 박기련 🔲
545 루소, 교육을 말하다 | 고봉만 · 황성원 🔲
546 철학으로 본 앙트러프러너십 | 전인수 🔲
547 예술과 앙트러프러너십 | 조명계 🔲
548 예술마케팅 (근간)
549 비즈니스상상력 | 전인수
550 개념설계의 시대 | 전인수 🔲
551 미국 독립전쟁 | 김형곤 🔲
552 미국 남북전쟁 | 김형곤 🔲
553 초기불교 이야기 | 곽철환 🔲
554 한국가톨릭의 역사 | 서정민 🔲
555 시아 이슬람 | 유흥태 🔲
556 스토리텔링에서 스토리두잉으로 | 윤주 🔲
557 백세시대의 지혜 | 신현동 🔲
558 구보 씨가 살아온 한국 사회 | 김병희 🔲
559 정부광고로 보는 일상생활사 | 김병희
560 정부광고의 국민계몽 캠페인 | 김병희
561 도시재생이야기 | 윤주 🔲 🔍
562 한국의 핵무장 | 김재엽 🔲
563 고구려 비문의 비밀 | 정호섭 🔲
564 비슷하면서도 다른 한중문화 | 장범성
565 급변하는 현대 중국의 일상 | 장시,리우린,장범성
566 중국의 한국 유학생들 | 왕링윈, 장범성
567 밥 딜런 그의 나라에는 누가 사는가 | 오민석
568 언론으로 본 정부 정책의 변천 | 김병희
569 전통과 보수의 나라 영국 1-영국 역사 | 한일동
570 전통과 보수의 나라 영국 2-영국 문화 | 한일동
571 전통과 보수의 나라 영국 3-영국 현대 | 김언조
572 제1차 세계대전 | 윤형호
573 제2차 세계대전 | 윤형호
574 라벨로 보는 프랑스 포도주의 이해 | 전경준
575 미셸 푸코, 말과 사물 | 이규현
576 프로이트, 꿈의 해석 | 김석
577 왜 5왕 | 홍성화
578 소가씨 4대 | 나행주
579 미나모토노 요리토모 | 남기학
580 도요토미 히데요시 | 이계황
581 요시다 쇼인 | 이희복
582 시부사와 에이이치 | 양의모
583 이토 히로부미 | 방광석
584 메이지 천황 | 박진우
585 하라 다카시 | 김영숙
586 히라쓰카 라이초 | 정애영
587 고노에 후미마로 | 김봉식
588 모방이론으로 본 시장경제 | 김진식
589 보들레르의 풍자적 현대문명 비판 | 이건수
590 원시유교 | 한성구
591 도가 | 김대근

프로이트와 종교

| 펴낸날 | 초판 1쇄 | 2005년 | 9월 | 10일 |
| | 초판 7쇄 | 2020년 | 10월 | 18일 |

지은이	권수영
펴낸이	심만수
펴낸곳	(주)살림출판사
출판등록	1989년 11월 1일 제9-210호

주소	경기도 파주시 광인사길 30
전화	031)955-1350　　팩스 031)955-1356
홈페이지	http://www.sallimbooks.com
이메일	book@sallimbooks.com

| ISBN | 978-89-522-0425-7　04080 |
| | 978-89-522-0096-9　04080 (세트) |

※ 값은 뒤표지에 있습니다.
※ 잘못 만들어진 책은 구입하신 서점에서 바꾸어 드립니다.

026 미셸 푸코　　eBook

양운덕(고려대 철학연구소 연구교수)

더 이상 우리에게 낯설지 않지만, 그렇다고 손쉽게 다가가기엔 부담스러운 푸코라는 철학자를 '권력'이라는 열쇠를 가지고 우리에게 열어 보여 주는 책. 권력은 어떻게 작용하는가에서 논의를 시작하여 관계망 속에서의 권력과 창조적·생산적·긍정적인 힘으로서의 권력을 이야기해 준다.

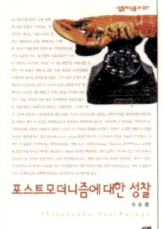

027 포스트모더니즘에 대한 성찰　　eBook

신승환(가톨릭대 철학과 교수)

포스트모더니즘의 역사와 논의를 차분히 성찰하고, 더 나아가 서구의 근대를 수용하고 변용시킨 우리의 탈근대가 어떠한 맥락에서 이해되는지를 밝힌 책. 저자는 오늘날 포스트모더니즘으로 대변되는 탈근대적 문화와 철학운동은 보편주의와 중심주의, 전체주의와 이성 중심주의에 대한 거부이며, 지금은 이 유행성의 뿌리를 성찰해 볼 때라고 주장한다.

202 프로이트와 종교　　eBook

권수영(연세대 기독상담센터 소장)

프로이트는 20세기를 대표할 만한 사상가이지만, 여전히 적지 않은 논란과 의심의 눈초리를 받고 있다. 게다가 신에 대한 믿음을 빼앗아버렸다며 종교인들은 프로이트를 용서하지 않을 기세이다. 기독교 신학자인 저자는 이 책을 통해 종교인들에게 프로이트가 여전히 유효하며, 그를 통하여 신앙이 더 건강해질 수 있다는 점을 보여 주려 한다.

427 시대의 지성 노암 촘스키　　eBook

임기대(배재대 연구교수)

저자는 노암 촘스키를 평가함에 있어 언어학자와 진보 지식인 중 어느 한 쪽의 면모만을 따로 떼어 이야기하는 것은 불합리하다고 말한다. 이 책에서는 촘스키의 가장 핵심적인 언어이론과 그의 정치비평 중 주목할 만한 대목들이 함께 논의된다. 저자는 촘스키 이론과 사상의 본질에 다가가기 위한 이러한 시도가 나아가 서구 사상을 받아들이는 우리의 자세와도 연결된다고 믿고 있다.

024 이 땅에서 우리말로 철학하기

이기상(한국외대 철학과 교수)

우리말을 가지고 우리의 사유를 펼치고 있는 이기상 교수의 새로운 사유 제안서. 일상과 학문, 실천과 이론이 분리되어 있는 '궁핍의 시대'에 사는 우리에게 생활세계를 서양학문의 식민지화로부터 해방시키고, 서양이론의 중독으로부터 벗어나야 한다고 역설한다. 저자는 인간 중심에서 생명 중심으로의 변환과 관계론적인 세계관을 담고 있는 '사이 존재'를 제안한다.

025 중세는 정말 암흑기였나　　`eBook`

이경재(백석대 기독교철학과 교수)

중세에 대한 친절한 입문서. 신과 인간에 대한 중세인의 의식을 다루고 있는 이 책은 어떻게 중세가 암흑시대라는 일반적인 인식을 가지게 되었는지에 대한 물음을 추적한다. 중세는 비합리적인 세계인가, 중세인의 신앙과 이성은 어떠한 관계를 갖고 있는가 등에 대한 논의를 하고 있다.

065 중국적 사유의 원형　　`eBook`

박정근(한국외대 철학과 교수)

중국 사상의 두 뿌리인 『주역』과 『중용』을 철학적 관점에서 접근한다. '산다는 것은 무엇인가?'라는 근원적 질문으로부터 자생한 큰 흐름이 유가와 도가인데, 이 두 사유의 흐름을 거슬러 올라가다 보면 그 둘이 하나로 합쳐지는 원류를 만나게 된다. 저자는 『주역』과 『중용』에 담겨 있는 지혜야말로 중국인의 사유세계를 지배하는 원류라고 말한다.

076 피에르 부르디외와 한국사회　　`eBook`

홍성민(동아대 정치외교학과 교수)

부르디외의 삶과 저작들을 통해 그의 사상을 쉽게 소개해 주고 이를 통해 한국사회의 변화를 호소하는 책. 저자는 부르디외가 인간의 행동이 엄격한 합리성과 계산을 근거로 행해지기보다는 일정한 기억과 습관, 그리고 사회적 전통에 영향을 받는다는 사실로부터 시작한다는 점을 강조한다.

096 철학으로 보는 문화 　　eBook

신응철(숭실대 인문과학연구소 연구교수)

문화와 문화철학 연구에 관심 있는 사람을 위한 길라잡이로 구상
된 책. 비교적 최근에 분과학문으로 등장하기 시작한 문화철학의
논의에 반드시 들어가야 할 요소를 선택하여 제시하고, 그 핵심 내
용을 제공한다. 칸트, 카시러, 반 퍼슨, 에드워드 홀, 에드워드 사이
드, 새무얼 헌팅턴, 수전 손택 등의 철학자들의 문화론이 소개된
다.

097 장 폴 사르트르 　　eBook

변광배(프랑스인문학연구모임 '시지프' 대표)

'타자'는 현대 사상에 있어 가장 중요한 개념 중 하나이다. 근대가
'자아'에 주목했다면 현대, 즉 탈근대는 '자아'의 소멸 혹은 자아의
허구성을 발견함으로써 오히려 '타자'에 관심을 갖게 되었다. 그리
고 타자이론의 중심에는 사르트르가 있다. 사르트르의 시선과 타
자론을 중점적으로 소개한 책.

135 주역과 운명 　　eBook

심의용(숭실대 강사)

주역에 대한 해설을 통해 사람들의 우환과 근심, 삶과 운명에 대한
우리의 자세를 말해 주는 책. 저자는 난해한 철학적 분석이나 독해
의 문제로 우리를 데리고 가는 것이 아니라 공자, 백이, 안연, 자로,
한신 등 중국의 여러 사상가들의 사례를 통해 우리네 삶을 반추하
는 방식을 취한다.

450 희망이 된 인문학 　　eBook

김호연(한양대 기초 · 융합교육원 교수)

삶 속에서 배우는 앎이야말로 인간의 운명을 바꿀 수 있는 기회
를 준다. 그래서 삶이 곧 앎이고, 앎이 곧 삶이 되는 공부를 하는 것
이 무엇보다 중요하다. 저자는 인문학이야말로 앎과 삶이 결합된
공부를 도울 수 있고, 모든 이들이 이 공부를 할 수 있어야 한다고
믿는다. 특히 '관계와 소통'에 초점을 맞춘 인문학의 실용적 가치,
'인문학교'를 통한 실제 실천사례가 눈길을 끈다.

eBook 표시가 되어있는 도서는 전자책으로 구매가 가능합니다.

024 이 땅에서 우리말로 철학하기 | 이기상
025 중세는 정말 암흑기였나 | 이경재 eBook
026 미셸 푸코 | 양운덕 eBook
027 포스트모더니즘에 대한 성찰 | 신승환 eBook
049 그리스 사유의 기원 | 김재홍 eBook
050 영혼론 입문 | 이정우
059 중국사상의 뿌리 | 장현근 eBook
065 중국적 사유의 원형 | 박정근 eBook
072 지식의 성장 | 이한구 eBook
073 사랑의 철학 | 이정은 eBook
074 유교문화와 여성 | 김미영 eBook
075 매체 정보란 무엇인가 | 구연상 eBook
076 피에르 부르디외와 한국사회 | 홍성민 eBook
096 철학으로 보는 문화 | 신응철 eBook
097 장 폴 사르트르 | 변광배 eBook
123 중세와 토마스 아퀴나스 | 박경숙 eBook
135 주역과 운명 | 심의용 eBook
158 칸트 | 최인숙 eBook
159 사람은 왜 인정받고 싶어하나 | 이정은 eBook
177 칼 마르크스 | 박영균
178 허버트 마르쿠제 | 손철성 eBook
179 안토니오 그람시 | 김현우
180 안토니오 네그리 | 윤수종 eBook
181 박이문의 문학과 철학 이야기 | 박이문 eBook
182 상상력과 가스통 바슐라르 | 홍명희 eBook
202 프로이트와 종교 | 권수영 eBook

289 구조주의와 그 이후 | 김종우 eBook
290 아도르노 | 이종하 eBook
324 실용주의 | 이유선
339 해체론 | 조규형
340 자크 라캉 | 김용수
370 플라톤의 교육 | 장영란 eBook
427 시대의 지성 노암 촘스키 | 임기대 eBook
441 소크라테스를 알라 | 장영란 eBook
450 희망이 된 인문학 | 김호연 eBook
453 논어 | 윤홍식 eBook
454 장자 | 이기동 eBook
455 맹자 | 장현근 eBook
456 관자 | 신창호 eBook
457 순자 | 윤무학 eBook
459 사주(四柱) 이야기 | 이지형 eBook
467 노자 | 임헌규 eBook
468 한비자 | 윤찬원 eBook
469 묵자 | 박문현 eBook
470 나는 누구인가 | 김용신 eBook
475 버트런드 러셀 | 박병철
476 에드문트 후설 | 박인철
477 공간 해석의 지혜, 풍수 | 이지형
478 이야기 동양철학사 | 강성률
479 이야기 서양철학사 | 강성률
480 독일 예몽주의의 유학적 기초 | 전홍석

(주)살림출판사
www.sallimbooks.com
주소 경기도 파주시 문발동 522-1 | 전화 031-955-1350 | 팩스 031-955-1355